CAPITALISMO MONOPOLISTA E SERVIÇO SOCIAL

EDITORA AFILIADA

Dados Internacionais de Catalogação na Publicação (CIP)
(Câmara Brasileira do Livro, SP, Brasil)

Netto, José Paulo, 1947-
    Capitalismo monopolista e serviço social / José Paulo Netto – 8. ed. –
São Paulo : Cortez, 2011.

   Bibliografia.
   ISBN 978-85-249-0394-6

   1. Serviço social 2. Serviço social – Aspectos políticos 3. Serviço social como profissão 4. Serviço social – Filosofia I. Título.

92-1205   CDD-361.3

Índices para catálogo sistemático:

1. Serviço social 361.3

José Paulo Netto

CAPITALISMO MONOPOLISTA E SERVIÇO SOCIAL

8ª edição
12ª reimpressão

CAPITALISMO MONOPOLISTA E SERVIÇO SOCIAL
José Paulo Netto

Capa: Carlos Clémen
Revisão: Eloísa da Silva Aragão
Composição: Linea Editora Ltda.
Coordenação editorial: Danilo A. Q. Morales

Nenhuma parte desta obra pode ser reproduzida ou duplicada sem autorização expressa do autor e do editor.

© 1992 by José Paulo Netto

Direitos para esta edição
CORTEZ EDITORA
Rua Monte Alegre, 1074 — Perdizes
05014-001 — São Paulo-SP
Tel.: (11) 3864-0111   Fax: (11) 3864-4290
E-mail: cortez@cortezeditora.com.br
www.cortezeditora.com.br

Impresso no Brasil — fevereiro de 2024

À
Balkys,
por Américas e setembros.

Sumário

Nótula do autor à terceira edição 9

Apresentação 13

Capítulo 1 – As condições histórico-sociais da emergência do Serviço Social
1.1. Estado e "questão social" no capitalismo dos monopólios 19
1.2. Problemas sociais: entre o "público" e o "privado" 34
1.3. Os projetos decisivos dos protagonistas histórico-sociais 52
1.4. A emergência do Serviço Social como profissão 69

Capítulo 2 – A estrutura sincrética do Serviço Social
2.1. Serviço Social: fundamentos "científicos" e estatuto profissional 86
2.2. Serviço Social e sincretismo 91
2.3. O sincretismo e a prática indiferenciada 98
2.4. Serviço Social como sincretismo ideológico 108
2.5. Serviço Social como sincretismo "científico" 132

Apêndice à terceira edição: cinco notas a propósito da "questão social" 151

Bibliografia 163

Nótula do autor à terceira edição

Este livro foi originalmente publicado há quase dez anos — e uma nova edição requer alguns comentários breves.

Em primeiro lugar, devo dizer que todo livro está inscrito em uma história, que em boa medida determina seus eventuais méritos e seus efetivos limites. E não creio que ao autor cabe o direito de alterar uns e outros, mediante revisões extemporâneas àquela história. Cabe-lhe, no máximo, o dever de explicitar a sua própria avaliação acerca de seu trabalho, sem a pretensão de substituir o juízo do leitor; e, ao fazê-lo, cumpre-lhe indicar — e tão somente indicar — as questões mais significativas frente às quais o seu texto parece-lhe exigir cuidados de reelaboração.

Relido à distância de dez anos, *Capitalismo monopolista e Serviço Social* mostra-se erguido sobre duas teses fundamentais. Primeira: esta profissão só é histórica e socialmente compreensível no marco da sociedade burguesa à altura do capitalismo monopolista. Segunda: o seu *corpus* ideal, estruturado sincreticamente, configura um *saber de segundo grau*.

Consideradas as críticas de que o texto foi objeto, e considerado especialmente o movimento das idéias no Serviço Social brasileiro da última década, atrevo-me a pensar que essas duas teses permanecem *sustentáveis* e *atuais*. No caso da primeira, estou convencido de que a sua fundamentação requer mais afinamento, mais elaboração etc. — *mas eu a manteria basicamente nos termos em que foi formulada*. Quanto à segunda, *julgo que sua formulação está a exigir desenvolvimentos mais claros e sólidos*.

Contudo, é em relação à primeira das teses constitutivas de *Capitalismo monopolista e Serviço Social* que os quase dez anos decorridos entre a primeira edição e esta trouxeram mais questões pertinentes à reflexão explorada neste livro, particularmente nas páginas do seu Capítulo 1. Com efeito, tanto as transformações societárias dessa década (que sumariei num artigo de 1996[1]) como a elaboração de companheiros sobre temas conexos[2] e, ainda, a própria expressão da categoria profissional, através de canais e fóruns específicos[3] — tudo isso configurou uma agenda profissional que pôs, e/ou repôs, problemas diretamente relacionados à discussão própria do Capítulo 1 deste livro. Refiro-me, claramente, ao debate acerca das *políticas e direitos sociais*, do papel das *classes sociais e do Estado* em ambos e da natureza da *"questão social"*. Está claro que a agenda profissional contemporânea compreende muito mais que estes três pólos problemáticos — mas são eles os que, desta agenda, tocam os eixos desenvolvidos explicitamente em *Capitalismo monopolista e Serviço Social*.

Na minha avaliação, o Capítulo 1 deste livro demandaria hoje uma redação alternativa para dar conta da riqueza desse tríplice debate — redação que resultaria num *outro* texto, mas sem qualquer alteração no que toca aos suportes teórico-analíticos a que recorri há dez anos[4]. Como está fora de questão tal reescrita, limito-me a indicar esses três pontos,

---

1. Cf. J. P. Netto, "Transformações societárias e Serviço Social. Notas para uma análise prospectiva da profissão no Brasil". *Serviço Social & Sociedade*. São Paulo, Cortez, ano XVII, nº 50, abril de 1996.

2. Impossível sumariar aqui essa elaboração, seja de companheiros já reconhecidos pela sua contribuição (entre estes, certamente omitindo nomes importantes, caberia lembrar Aldaíza Sposati, Ana Elizabeth Mota, Maria Carmelita Yazbek, Marilda Iamamoto, Potyara Pereira e Vicente Faleiros), seja de companheiros cuja intervenção tornou-se mais visível nesses anos (aqui, seguramente também incorrendo em omissões sérias, não se pode deixar de nomear Carlos Montaño, Elaine Behring, Franci G. Cardoso, Ivete Simionato, Mariangela Belfiore-Wanderley, Maria Ozanira Silva e Silva, Maria Teresa G. Meneses e Raquel Raichelis).

3. Penso especialmente nas atividades da ABESS (hoje ABEPSS) e do sistema CFESS/CRESS e nos vários Congressos Brasileiros de Assistentes Sociais da década de noventa, bem como em outros seminários e encontros promovidos por aquelas agências.

4. O apêndice que foi anexado a esta edição, "Cinco notas a propósito da *questão social*", indica, de algum modo, como esta redação haveria de manter a perspectiva teórico-analítica que sustenta todo o texto de *Capitalismo monopolista e Serviço Social*. Cabe notar que o apêndice constitui o esquema da intervenção oral que fiz no *VII Encontro Nacional de Pesquisadores em Serviço Social* (VII ENPESS), promovido pela ABEPSS em novembro de 2000 na *Universidade de Brasília* (DF). Juntamente com contribuições de outros companheiros, ele foi originalmente publicado em *Temporalis*. Brasília, ABEPSS, ano 2, nº 3, jan.-jul. de 2001.

nos quais mais se evidenciam, a meu juízo, a necessidade de ampliar a escritura original.

Um último comentário pertinente diz respeito, precisamente, àqueles suportes teórico-analíticos. A década de noventa do século passado, em todo o mundo, adensou as tendências mais capitulacionistas e funcionais à ofensiva política e ideológica do grande capital, dirigida contra as conquistas democráticas e sociais alcançadas anteriormente e, obviamente, contra as idéias que sustentaram tais conquistas. E os suportes teórico-analíticos deste livro estão no coração mesmo dessas idéias. Eles — enquanto elementos constitutivos da tradição marxista — passaram a ser desqualificados como expressão de *paradigmas esgotados*, a serem substituídos pelos artefatos da *cultura pós-moderna*.

Não há dúvidas de que esta vaga neoconservadora chegou fortemente ao nosso Serviço Social. Entretanto, pelo acúmulo das elaborações profissionais do que noutro lugar denominei de *intenção de ruptura*, e sobretudo pela majoritária posição sócio-ocupacional dos assistentes sociais, o neoconservadorismo pós-moderno foi menos ponderável nessa área do que em outros campos das ciências sociais. Nem por isso, todavia, há que desconsiderar os efeitos que produziu e vem produzindo — dos quais o mais óbvio é a desqualificação das abordagens totalizantes, postas, sabe-se, como *metanarrativas*.

Não é preciso dizer que a ortodoxia teórico-analítica de *Capitalismo monopolista e Serviço Social* é antagônica a tal neoconservadorismo. E também não é preciso dizer que esta reedição, para o autor, significa que o combate ao neoconservadorismo, mais que um dever teórico-político, é uma exitosa possibilidade posta pela realidade de uma profissão que, como poucas, vem resistindo à generalizada capitulação ao *pensamento único*.

Recreio dos Bandeirantes, agosto de 2001.

Apresentação

O texto que agora se divulga formava, originalmente, a primeira parte da minha dissertação de doutoramento, elaborada — sob a orientação do Professor Octavio Ianni — no marco do Programa de Estudos Pós-Graduados em Serviço Social da Pontifícia Universidade Católica de São Paulo.

Na estrutura geral da dissertação, esta primeira parte* tinha por objetivo fornecer um quadro da constituição do Serviço Social tal como a profissão se articulou "tradicionalmente" — ou seja, *até os anos sessenta*. Tratava-se de esboçar o tecido histórico-social e econômico no interior do qual se plasmou o Serviço Social e, ao mesmo tempo, de identificar os substratos ídeo-culturais que se prestaram à sua conformação, procurando reconstruir aquela configuração teórico-prática que, a partir de meados da década de sessenta, seria redefinida em todas as latitudes por um amplo movimento de contestação e renovação.

Com efeito, na parte que ora se publica, o objeto da análise é a emersão do Serviço Social como profissão no âmbito da ordem burguesa na idade do monopólio e o desvendamento do seu sincretismo teórico e ideológico. Assim, este trabalho pretende, polêmica e simultaneamente, oferecer *uma contribuição ao estudo da gênese histórica*

---

* A segunda parte, que tematiza o processo de transformações sofridas pelo Serviço Social entre os anos sessenta e oitenta, no Brasil, foi publicada sob o título *Ditadura e Serviço Social — uma análise do Serviço Social no Brasil pós-64* (São Paulo, Cortez, 1991).

do Serviço Social (Capítulo 1) e *um aporte à sua compreensão como sistema sincrético* (Capítulo 2), das suas origens aos anos sessenta.

Devo agradecer as sugestões que recebi, quando da defesa da dissertação, da banca examinadora (formada, além do meu orientador, pelos professores Carlos Nelson Coutinho, Celso Frederico, Nobuco Kameyama e Úrsula Karsch), bem como a leitura atenta com que me obsequiaram Myriam Veras Baptista e Maria do Carmo Falcão. Muito especialmente, beneficiei-me da crítica rigorosa (a que nem sempre atendi) de Marilda Villela Iamamoto, companheira de ofício e de viagem.

Para esta edição em livro, submeti os originais a algumas modificações, nenhuma das quais afeta nuclearmente as idéias expressas na primitiva dissertação — que, como o leitor seguramente perceberá, foi construída à luz da teoria social de Marx*.

José Paulo Netto
São Paulo, verão de 1992.

---

* Quando redigi o texto que se segue, a cruzada antimarxista não apresentava a magnitude que hoje revela. Ao leitor que se interessar pelos parâmetros que sustentam a minha — já velha de quase trinta anos — opção teórico-metodológica, remeto ao ensaio "Crise do socialismo, teoria marxiana e alternativa comunista" (*Serviço Social e Sociedade*. São Paulo, Cortez, 1991, n° 37).

Capítulo 1

*As condições histórico-sociais
da emergência do Serviço Social*

Está solidamente estabelecida, na bibliografia que de alguma forma estuda o surgimento do Serviço Social como profissão — vale dizer, como prática institucionalizada, socialmente legitimada e legalmente sancionada —, a sua vinculação com a chamada "questão social"[1]. Mesmo entre autores que não se notabilizam por uma abordagem crítica e analiticamente fundada do desenvolvimento profissional, não há dúvidas em relacionar o aparecimento do Serviço Social com as mazelas próprias à ordem burguesa, com as seqüelas necessárias dos processos que comparecem na constituição e no evolver do capitalismo, em especial aqueles concernentes ao binômio industrialização/urbanização, tal como este se revelou no curso do século XIX[2].

Parece claro que esta indicação é absolutamente indispensável para mapear a contextualidade histórico-social que torna possível a emergência do Serviço Social como profissão, efetivamente demarcado, pelo

---

1. "Por 'questão social', no sentido universal do termo, queremos significar o conjunto de problemas políticos, sociais e econômicos que o surgimento da classe operária impôs no curso da constituição da sociedade capitalista. Assim, a 'questão social' está fundamentalmente vinculada ao conflito entre o capital e o trabalho" (Cerqueira Filho, 1982: 21). Ou, nas palavras de um profissional do Serviço Social: "A *questão social* não é senão as expressões do processo de formação e desenvolvimento da classe operária e de seu ingresso no cenário político da sociedade, exigindo seu reconhecimento como classe por parte do empresariado e do Estado. É a manifestação, no cotidiano da vida social, da contradição entre o proletariado e a burguesia [...]" (Iamamoto, in Iamamoto e Carvalho, 1983: 77).
2. Cf. por exemplo, os capítulos I e II da primeira parte do ensaio de Vieira (1977).

estatuto sócio-ocupacional de que se investe, das condutas filantrópicas e assistencialistas que convencionalmente se consideram as suas "protoformas". Entretanto, se a esta indicação não se seguirem determinações mais precisas, é inevitável o risco de se diluir a *particularidade* que reveste a emersão profissional do Serviço Social numa interação lassa e frouxa (ou, no inverso, imediata e direta) com exigências e demandas próprias à ordem burguesa — tudo se passando como se, da realidade óbvia da "questão social", derivasse, automaticamente, a possibilidade (ou a requisição) de um exercício profissional com o corte daquele que caracteriza o Serviço Social. Nesta via, acaba-se por reduzir o problema da sua gênese histórico-social a uma equação entre implicações do desenvolvimento capitalista (a "questão social") e o aparecimento de uma nova configuração profissional — freqüentemente adornando-se esta abstração com uma retórica que apela às lutas de classes[3].

Em nossa perspectiva, a apreensão da particularidade da gênese histórico-social da profissão nem de longe se esgota na referência à "questão social" tomada abstratamente; está hipotecada ao concreto tratamento desta num momento muito específico do processo da sociedade burguesa constituída, aquele do trânsito à idade do monopólio, isto é, *as conexões genéticas do Serviço Social profissional não se entretecem com a "questão social", mas com suas peculiaridades no âmbito da sociedade burguesa fundada na organização monopólica*. À falta desta determinação (aliás muito pouco elaborada na bibliografia profissional[4]), tanto se perde a particularidade histórico-social do Serviço Social — terminando-se por distingui-lo apenas institucional e formalmente da tradição das suas protoformas — quanto se obscurece o lastro efetivo que o legitima como atividade profissional como tal — respaldada por sua funcionalidade no espectro da divisão social (e técnica) do trabalho na sociedade burguesa consolidada e madura.

---

3. Para observar os vieses desta ótica na análise da história profissional, referida especificamente à América Latina, cf. Castro (1984: 21-38).

4. É interessante notar que mesmo em autores que contribuíram para uma compreensão mais renovada da história do Serviço Social — como Kisnerman (1973), Lima (1975), Lubove (1977) e Leiby (1978) — esta determinação revela-se pouco elaborada e, até, ausente. No Brasil, ao que saibamos, o primeiro profissional a tematizar expressamente esta problemática foi Iamamoto, no texto citado na nota 1.

1.1. Estado e questão social no capitalismo dos monopólios

Na tradição teórica que vem de Marx, está consensualmente aceite que o capitalismo, no último quartel do século XIX, experimenta profundas modificações no seu ordenamento e na sua dinâmica econômicos, com incidências necessárias na estrutura social e nas instâncias políticas das sociedades nacionais que envolvia. Trata-se do período histórico em que ao capitalismo concorrencial sucede o capitalismo dos monopólios, articulando o fenômeno global que, especialmente a partir dos estudos lenineanos, tornou-se conhecido como o *estágio imperialista*[5]. E é também consensual que "o período do imperialismo 'clássico' [situa-se] entre 1890 e 1940" (Mandel, 1976, 3: 325).

As profundas modificações sofridas então pelo capitalismo — que, enquanto *tendências*, foram objeto da prospecção teórica marxiana[6] — não infirmaram em nenhuma medida substantiva as análises elementares de Marx sobre o seu caráter essencial e o da ordem burguesa: o capitalismo monopolista recoloca, em patamar mais alto, o sistema totalizante de contradições que confere à ordem burguesa os seus traços basilares de exploração, alienação e transitoriedade histórica, todos eles desvelados pela crítica marxiana. Repondo estes caracteres em nível econômico-social e histórico-político distinto, porém, a idade do monopólio altera significativamente a dinâmica inteira da sociedade burguesa: ao mesmo tempo em que potencia as contradições fundamentais do capitalismo já explicitadas no estágio concorrencial e as

---

5. O estudo lenineano, como se sabe, data de 1916 e foi publicado no ano seguinte (Lênin, 1977, I); a nomenclatura, porém, fora consagrada antes pela análise de Hobson (*Imperialism*, de 1902). Do início do século ao fim da Primeira Guerra Mundial, há um indiscutível acúmulo analítico sobre a problemática, especialmente com as importantes contribuições de Hilferding (1985) e Luxemburg (1976), mas com aportes de muitos outros marxistas (Kautsky, Bukharin). Para um balanço do debate marxista sobre a questão do imperialismo, que desborda este período, cf. Brewer (1980).

6. Sobre a prospecção marxiana, há indicações preciosas em Baran e Sweezy (1974: 14-17); tal prospecção arranca de elementos contidos nas análises de Marx sobre a grande indústria e a elevação da taxa da composição orgânica do capital, sistematizadas nos capítulos XIII e XIV do livro I d'*O capital;* a formulação mais sintética de tais dementos como fundamento para a abordagem do imperialismo aparece no verbete a este dedicado por John Weeks, in Bottomore, ed. (1988: 187-190).

combina com novas contradições e antagonismos, deflagra complexos processos que jogam no sentido de contrarrestar a ponderação dos vetores negativos e críticos que detona. Com efeito, o ingresso do capitalismo no estágio imperialista assinala uma inflexão em que a totalidade concreta que é a sociedade burguesa ascende à sua maturidade histórica, realizando as possibilidades de desenvolvimento que, objetivadas, tomam mais amplos e complicados os sistemas de mediação que garantem a sua dinâmica. Donde, simultaneamente, a contínua reafirmação das suas tendências e regularidades imanentes (as suas "leis" de desenvolvimento gerais, capitalistas) e a concreta alteração delas (as "leis" particulares do estágio imperialista).

O exame histórico do trânsito do capitalismo concorrencial ao monopolista já foi suficientemente elaborado e não cabe reiterá-lo aqui[7]. O que importa observar e destacar com a máxima ênfase é que a constituição da organização monopólica obedeceu à urgência de viabilizar um objetivo primário: *o acréscimo dos lucros capitalistas através do controle dos mercados*[8]. Essa organização — na qual o sistema bancário e creditício tem o seu papel econômico-financeiro substantivamente redimensionado[9] — comporta níveis e formas diferenciados que vão desde o "acordo de cavalheiros" à fusão de empresas, passando pelo *pool*, o cartel e o truste. Na prossecução da sua finalidade central, a organização monopólica introduz na dinâmica da economia capitalista um leque de fenômenos que deve ser sumariado[10]: *a*) os preços das mercadorias (e serviços) produzidas pelos monopólios tendem a crescer progressivamente[11]; *b*) as taxas de lucro

---

7. Para uma síntese mais que bastante deste trânsito, cf. Mandel (1969, 3: 57-120).

8. "A característica específica das formas de organização [monopólicas] é que estão deliberadamente destinadas a aumentar os lucros por meio do controle monopolista dos mercados" (Sweezy, 1977: 289). Ou, numa formulação complementar e mais precisa: "Confrontado com o aumento da composição orgânica do capital e com os riscos crescentes da amortização do capital fixo, numa época em que as crises periódicas são consideradas inevitáveis, o capitalismo dos monopólios visa, antes de mais nada, preservar e aumentar a taxa de lucro dos trustes" (Mandel, 1969, 3: 94).

9. Sobre este redimensionamento, cf. Hilferding (1985: 85-99 e 217-220), Lênin (1977, I: 597-610) e Sweezy (1977: 292-296).

10. Com poucas modificações, retomo aqui basicamente a lição de Sweezy (1977: 297-314), formulada originalmente em 1942 e que me parece ainda essencialmente correta.

11. O complexo mecanismo da variação dos preços monopolistas é investigado por Mandel (1969, 3: 95 e ss.). Não bá nenhuma indicação sólida de que o "preço de monopólio"

tendem a ser mais altas nos setores monopolizados; c) a taxa de acumulação se eleva, acentuando a tendência descendente da taxa *média* de lucro (Mandel, 1969, 3: 99-103) e a tendência ao subconsumo; d) o investimento se concentra nos setores de maior concorrência, uma vez que a inversão nos monopolizados torna-se progressivamente mais difícil (logo, a taxa de lucro que determina a opção do investimento se reduz); e) cresce a tendência a economizar trabalho "vivo", com a introdução de novas tecnologias; f) os custos *de venda* sobem, com um sistema de distribuição e apoio hipertrofiado — o que, por outra parte, diminui os lucros adicionais dos monopólios e aumenta o contingente de consumidores improdutivos (contrarrestando, pois, a tendência ao subconsumo).

As implicações desses vetores na dinâmica econômica são fundas e largas. De uma parte, a tendência à equalização das taxas de lucro, objetivada no estágio concorrencial do capitalismo, é revertida em favor dos grupos monopolistas (que extraem seus superlucros também a partir de uma dedução da mais-valia de outros grupos capitalistas). De outra, o próprio processo de acumulação é alterado: ela tende a elevar-se, em razão da centralização que o monopólio opera; adicionalmente, os grupos monopolistas inclinam-se mais a investimentos no exterior dos seus próprios limites (guiando-se pela taxa de lucro marginal[12]) que no seu mesmo âmbito. Ademais, a economia de trabalho "vivo", que estimula a inovação tecnológica, subordina-se diretamente à depreciação do capital fixo existente[13] — donde um traço específico da idade do monopólio é de fundamental importância para a compreensão global do capitalismo monopolista: "O monopólio faz aumentar a taxa de afluência de trabalhadores ao exército industrial de reserva" (Sweezy, 1977: 304).

---

infirme as bases da clássica teoria do valor-trabalho (Sweezy, 1977: 297-299); no entanto, sabe-se que é principalmente a partir do movimento dos preços no capitalismo monopolista que se reacendeu a velha polêmica acerca da teoria do valor-trabalho marxiana — sem entrar nesta discussão neste espaço, aponte-se a contribuição apresentada por Morishima e Catephores (1978) e recorde-se a anterior problematização posta nas teses de Sraffa (1985).

    12. A complexa noção de taxa de lucro marginal *monopolista* é objeto das reflexões de Sweezy (1977: 302-303).

    13. Reside aqui o fundamento da afirmação de Mandel (1969: 3: 107) segundo a qual os monopólios são travas ao progresso tecnológico.

No período "clássico" do capitalismo monopolista[14], dois outros elementos típicos da monopolização fazem seu ingresso aberto no cenário social. O primeiro deles diz respeito ao fenômeno da *supercapitalização* (Mandel, 1969, 3: 229 e ss.): o montante de capital acumulado encontra crescentes dificuldades de valorização; num primeiro momento, ele é utilizado como forma de autofinanciamento dos grupos monopolistas; em seguida, porém, a sua magnitude excede largamente as condições imediatas de valorização, posto que o monopólio restringe, pela sua natureza mesma, o espaço *capitalista* de inversões. É próprio do capitalismo monopolista o crescimento exponencial desses capitais excedentes, que se tornam tanto mais extraordinários quanto mais se afirma a tendência descendente da taxa média de lucro. As dificuldades progressivas para a valorização são contornadas por inúmeros mecanismos, nenhum dos quais apto para dar uma solução à supercapitalização: de um lado, a emergência da indústria bélica, que se converte em ingrediente central da dinâmica imperialista[15]; de outro, a contínua migração dos capitais excedentes por cima dos marcos estatais e nacionais[16]; e, enfim, a "queima" do excedente em atividades que não criam valor[17] — como veremos, todos estes mecanismos renovam a relação entre a dinâmica da economia e o Estado burguês.

O segundo elemento a destacar aqui é o *parasitismo* que se instaura na vida social em razão do desenvolvimento do monopólio. Trata-se de um parasitismo que deve ser tomado por dois ângulos. Por

---

14. Neste espaço, só nos prenderemos — em função dos nossos interesses — a este período, cujo limite é demarcado pela Segunda Guerra Mundial. Se é verdade que nele já se manifestam tendências que virão à tona no *capitalismo tardio* analisado especialmente por Mandel (1976), este não será objeto de tematização aqui; para elementos crítico-analíticos a ele referentes, cf., entre outros, Baran e Sweezy (1974), Boccara, org. (1976), Mattick (1977), Aglietta (1979) e Offe (1984), além das notações contidas nos estudos de Altvater (in Hobsbawm, org., 1989) e de Altvater e Gough (in Sonntag e Valecillos, orgs., 1988).

15. As conexões específicas entre o capitalismo monopolista e a indústria bélica são notórias; cf. o clássico estudo de Perlo (1969) e as análises de Baran e Sweezy (1974: 180-217) e de Mandel (1976, 2: 131-213).

16. É desnecessário recordar que a exportação de capitais é traço peculiar do imperialismo (Lênin, 1977, 1: 621 e ss.) e a seu desenvolvimento prende-se a *internacionalização do capital* própria deste estágio do capitalismo. Cf. *infra*.

17. É paradigmática, aqui, a análise da "campanha de vendas" que fazem Baran e Sweezy (1974: 117-145).

um, ao engendrar a oligarquia financeira (Lênin, 1977, I: 610 e ss.) e ao divorciar a propriedade da gestão dos grupos monopolistas[18], o capitalismo monopolista traz à tona a natureza parasitária da burguesia[19]; por outro lado, e só parcialmente em relação à "queima" do excedente acima mencionada, a monopolização dá corpo a uma generalizada burocratização da vida social, multiplicando ao extremo não só as atividades improdutivas *stricto sensu*, mas todo um largo espectro de operações que, no "setor terciário", tão-somente vinculam-se a formas de conservação e/ou de legitimação do próprio monopólio[20].

Articulado o processo da organização monopólica com estas características, torna-se claro o seu perfil *novo* em face do capitalismo de corte concorrencial. Todavia, fica igualmente clara a reposição das antigas contradições que percorriam o seu antecedente, agora peculiarizadas. As organizações monopolistas não promovem a evicção da anarquia da produção que é congenial ao ordenamento capitalista[21]; a "livre concorrência" é convertida em uma luta de vida ou morte entre os grupos monopolistas e entre eles e os outros, nos setores ainda não monopolizados. Esbatendo-se no mercado mundial — no qual a monopolização rearranja inteiramente a divisão internacional capitalista

---

18. É sabido que este fenômeno deu azo a interpretações recorrentes da "revolução dos gerentes" (Burnham 1943); a crítica a estas teses equivocadas encontra-se em Sweezy (1965: 40 e ss.) e Mandel (1969, 3: 260 e ss.).

19. "A função da propriedade e a função da gestão separam-se sempre mais e a burguesia dos monopólios representa assim o tipo mais puro da burguesia, *aquele para o qual a apropriação da mais-valia não é absolutamente disfarçada pela retribuição de uma função diretriz do processo de produção, mas se apresenta como o produto exclusivo da propriedade privada dos meios de produção*" (Mandel, 1969, 3: 119; grifos originais).

20. Os autores que, na trilha aberta por Clark (1961), trabalham com as noções de "setor terciário", "terceirização da vida social" etc., freqüentemente não distinguem *trabalho produtivo* e *improdutivo* e, neste, o *trabalho socialmente útil* do *parasitismo*. Pensador francês que realizou crítica cuidadosa daquelas noções escreve: "O capitalismo monopolista caracteriza-se por uma inflação do setor terciário [... que] é relativa nos Estados capitalistas modernos, se por um lado cresceram desmesuradamente os efetivos do exército e da polícia, por outro lado o número de professores, médicos, enfermeiras é nitidamente inferior às necessidades reais da sociedade" (Rivière, 1966: 33). Para uma fecunda discussão destas questões, cf. Nagels (1975-1979).

21. Recorde-se a paradoxal relação, enfatizada por Baran e Sweezy (1974: 333-362), entre as unidades parciais monopólicas racionalizadas e o conjunto irracional do sistema que constituem.

do trabalho, dando curso a renovadas políticas neocolonialistas[22] —, o capitalismo monopolista conduz ao ápice a contradição elementar entre a socialização da produção e a apropriação privada: internacionalizada a produção, grupos de monopólios controlam-na por cima de povos e Estados[23]. E no âmbito emoldurado pelo monopólio, a dialética forças produtivas/relações de produção é tensionada adicionalmente pelos condicionantes específicos que a organização monopólica impõe especialmente ao desenvolvimento e à inovação tecnológicos. O mais significativo, contudo, é que a solução monopolista — a maximização dos lucros pelo controle dos mercados — é imanentemente problemática: pelos próprios mecanismos novos que deflagra, ao cabo de um certo nível de desenvolvimento, é vítima dos constrangimentos *inerentes* à acumulação e à valorização capitalistas. Assim, para efetivar-se com chance de êxito, *ela demanda mecanismos de intervenção extra-econômicos*. Daí a refuncionalização e o redimensionamento da instância por excelência do poder extra-econômico, o Estado.

Como tal, o Estado, desde quando a pressão da burguesia *ascendente* deu origem ao chamado absolutismo, sempre interveio no processo econômico capitalista; o traço intervencionista do Estado (que, até Keynes, causava um *frisson* nas elites burguesas e em seus porta-vozes liberais) a serviço de franjas burguesas revela-se muito precocemente, como o comprovou Mandel (1969, 1, cap. III). Nada é mais estranho ao desenvolvimento do capitalismo do que um Estado "árbitro"[24]. No entanto, com o ingresso do capitalismo no estágio imperialista, essa intervenção muda funcional e estruturalmente.

Até então, o Estado, na certeira caracterização marxiana o representante do capitalista coletivo, atuara como o cioso guardião das *condições externas da produção capitalista*. Ultrapassava a fronteira de

---

22. O rebatimento da monopolização na efetiva internacionalização da economia, própria do estágio imperialista, é analisado por Sweezy (1977: 315-336) e longamente por Mandel (1969, 3: 121-180).

23. Quando este controle foi posto em xeque pela concorrência intermonopolista em escala internacional, conheceu-se a solução "clássica": a guerra imperialista.

24. Por mais justificadas que sejam as críticas feitas ao trabalho de Baran e Sweezy (1974) — de que são exemplo as formuladas por Mandel (1976, 3: 313 e ss.) e por Manick (1977: 113 e ss.) —, é inegável o fundamento da sua recusa em utilizar a denominação "capitalismo monopolista de Estado": ela induz "à suposição errônea de que o Estado teve importância insignificante na história anterior do capitalismo" (Baran e Sweezy, 1974: 74).

garantidor da propriedade privada dos meios de produção burgueses somente em situações precisas — donde um intervencionismo emergencial, episódico, pontual. Na idade do monopólio, ademais da preservação das condições externas da produção capitalista, a intervenção estatal incide na organização e na dinâmica econômicas *desde dentro*, e de forma contínua e sistemática. Mais exatamente, no capitalismo monopolista, as funções *políticas* do Estado imbricam-se organicamente com as suas funções *econômicas*[25].

A necessidade de uma nova modalidade de intervenção do Estado decorre primariamente, como aludimos, da demanda que o capitalismo monopolista tem de um vetor extra-econômico para assegurar seus objetivos estritamente econômicos. O eixo da intervenção estatal na idade do monopólio é direcionado para garantir os superlucros dos monopólios — e, para tanto, como poder político e econômico, o Estado desempenha uma multiplicidade de funções.

O elenco de suas funções econômicas *diretas* é larguíssimo. Possuem especial relevo a sua inserção como empresário nos setores básicos não rentáveis (nomeadamente aqueles que fornecem aos monopólios, a baixo custo, energia e matérias-primas fundamentais), a assunção do controle de empresas capitalistas em dificuldades (trata-se, aqui, da socialização das perdas, a que freqüentemente se segue, quando superadas as dificuldades, a reprivatização), a entrega aos monopólios de complexos construídos com fundos públicos, os subsídios imediatos aos monopólios e a garantia explícita de lucro pelo Estado[26]. As *indiretas* não são menos significativas; as mais importantes estão relacionadas às encomendas/compras do Estado aos grupos monopolistas[27], assegurando aos capitais excedentes possibilidades de valorização; não se esgotam aí, no entanto — recordem-se os subsídios indiretos, os investimentos públicos em meios de transporte e infra-estrutura, a preparação institucional da força de trabalho requerida pelos monopólios e,

---

25. Não cabe aqui a resenha do amplo debate, travado no interior da tradição marxista, sobre esta polêmica questão. Remetemos basicamente a Baran e Sweezy (1974), Boccara, org. (1976), Mandel (1976), Miliband (1978), Lefebvre (1978), Poulantzas (1980), Mathias e Salama (1983), Offe (1984) e Sonntag e Valecillos, orgs. (1988).

26. Mandel (1969, 3: 205-214), que estuda cuidadosamente estas formas de intervenção direta, oferece para cada uma delas ampla comprovação.

27. É supérfluo observar que, freqüentemente centradas na indústria bélica, tais compras/encomendas compreendem uma pauta muito diferenciada.

com saliência peculiar, os gastos com investigação e pesquisa. A intervenção estatal macroscópica em função dos monopólios é mais expressiva, contudo, no terreno *estratégico*, onde se fundem atribuições diretas e indiretas do Estado: trata-se das linhas da direção do desenvolvimento, através de planos e projetos de médio e longo prazos; aqui, sinalizando investimentos e objetivos, o Estado atua como um instrumento de organização da economia, operando notadamente como um administrador dos ciclos de crise.

Está claro, assim, que o Estado foi capturado pela lógica do capital monopolista — ele é o *seu* Estado; tendencialmente, o que se verifica é a integração orgânica entre os aparatos privados dos monopólios e as instituições estatais. Donde uma explicável alteração não apenas na modalidade de intervenção do Estado (agora contínua, em comparação com o estágio concorrencial), mas nas estruturas que viabilizam a intervenção mesma: no sistema de poder político, os centros de decisão ganham uma crescente autonomia em relação às instâncias representativas formalmente legitimadas[28]. Vale dizer: o Estado funcional ao capitalismo monopolista é, no nível das suas finalidades econômicas, o "comitê executivo" da burguesia monopolista — opera para propiciar o conjunto de condições necessárias à acumulação e à valorização do capital monopolista.

Ora, entre tais condições inclui-se (além do financiamento do próprio aparelho estatal, neste contexto hipertrofiado), "para a reprodução ampliada do capital, [a garantia da] conservação física da força de trabalho ameaçada pela superexploração" (Mandel, 1976, 3: 183). Este é um elemento novo: no capitalismo concorrencial, a intervenção estatal sobre as seqüelas da exploração da força de trabalho respondia básica e coercitivamente às lutas das massas exploradas ou à necessidade de preservar o conjunto de relações pertinentes à propriedade privada burguesa como um todo — ou, ainda, à combinação desses vetores; no capitalismo monopolista, *a preservação e o controle contínuos* da força de trabalho, ocupada e excedente, *é uma função estatal de primeira ordem*: não está condicionada apenas àqueles dois vetores, mas às enormes dificuldades que a reprodução capitalista encontra na malha de óbices à valorização do capital no marco do monopólio.

---

28. Aqui, a evidência menos controversa é a ponderação assimétrica dos poderes Legislativo e Executivo na evolução política da sociedade burguesa do capitalismo concorrencial ao monopolista.

Não se trata aqui, simplesmente, da "socialização dos custos" de que fala Galper (1986: 99) — obviamente que este é o fenômeno geral, através do qual o Estado transfere recursos sociais e públicos aos monopólios. O processo é mais abrangente e preciso: quer pelas contradições de fundo do ordenamento capitalista da economia, quer pelas contradições intermonopolistas e entre os monopóios e o conjunto da sociedade, o Estado — como instância da política econômica do monopólio — é obrigado não só a assegurar continuamente a reprodução e a manutenção da força de trabalho, ocupada e excedente, mas é compelido (e o faz mediante os sistemas de previdência e segurança social, principalmente) a regular a sua pertinência a níveis determinados de consumo e a sua disponibilidade para a ocupação sazonal, bem como a instrumentalizar mecanismos gerais que garantam a sua mobilização e alocação em função das necessidades e projetos do monopólio.

Justamente neste nível dá-se a articulação das funções econômicas e políticas do Estado burguês no capitalismo monopolista: para exercer, no plano estrito do jogo econômico, o papel de "comitê executivo" da burguesia monopolista, ele deve legitimar-se *politicamente* incorporando outros protagonistas sócio-políticos. O alargamento da sua base de sustentação e legitimação sócio-política, mediante a generalização e a institucionalização de direitos e garantias cívicas e sociais, permite-lhe organizar um *consenso* que assegura o seu desempenho.

O aparente paradoxo aí contido se desfaz com o exame histórico da constituição do monopólio e das transformações que ela implicou no papel e na funcionalidade do Estado burguês. O paradigma euro-ocidental (e, numa medida menor, o norte-americano) é típico: a transição ao capitalismo dos monopólios realizou-se paralelamente a um salto organizativo nas lutas do proletariado e do conjunto dos trabalhadores (cf. seção 1.3) — é, inclusive, em quase todas as latitudes, simétrico ao aparecimento de partidos operários de massas; o coroamento da conquista da cidadania, sobre a qual doutrinou linearmente Marshall (1967), acompanha, nos seus lances decisivos, o surgimento da idade do monopólio: as demandas econômico-sociais e políticas imediatas postas por todo este processo reivindicativo e organizativo macroscópico não vulnerabilizaram a modelagem da ordem econômica do monopólio, ainda que a tenham condicionado em medida considerável. Antes, ao absorvê-las, o poder político que o expressa adquiriu um cariz de *coesionador da sociedade* que, não casualmente, desempenhou funções diversionistas e ilusionistas sobre inúmeros protagonistas políticos desvinculados dos interesses monopolistas.

O que deve ser posto de manifesto é o fato de esta forma de articulação entre funções econômicas e funções políticas do Estado burguês no capitalismo monopolista ser *uma possibilidade* entre outras, mas assentada nas virtualidades objetivas deste estágio de desenvolvimento do capitalismo. A sua realização, em todos os quadrantes, é mediatizada pela correlação das classes e das forças sociais em presença — onde não se defrontou com um movimento democrático, operário e popular sólido, maduro, capaz de estabelecer alianças sócio-políticas em razão de objetivos determinados, a burguesia monopolista jogou em sistemas políticos desprovidos de qualquer flexibilidade e inclusividade. Com efeito, as alternativas sócio-políticas do capitalismo monopolista, sem configurar um leque infinito, comportam matizes que vão de um limite a outro — do *Welfare State* ao fascismo.

Assinalar, portanto, a compatibilidade da captura do Estado pela burguesia monopolista com o processo de *democratização* da vida sócio-política não é eludir o fenômeno real de que o núcleo dos sistemas de poder opera em favor dos monopólios — e, menos ainda, que jogue no sentido de reduzir os conteúdos de direitos e garantias de participação política[29]. Ao contrário, equivale a indicar que um componente, mesmo amplo, de legitimação é plenamente suportável pelo Estado burguês no capitalismo monopolista; e não só é suportável, como necessário, em muitas circunstâncias históricas, para que ele possa continuar desempenhando a sua funcionalidade econômica. Por outro lado, e nunca em último lugar, esta indicação desobstrui a via para a compreensão do rebatimento, no sistema estatal, das efetivas contradições que se desenvolvem na ordem social: a partir do momento em que procura legitimar-se mediante os instrumentos da democracia política, *uma dinâmica contraditória emerge no interior do sistema estatal*. A lógica dominante do monopólio não exclui o tensionamento e a colisão nas instituições a seu serviço, exceto quando o grau de esgarçamento deles derivado põe em risco a sua reprodução[30]. Igualmente, apontar que de-

---

29. No nível do sistema político, a *tendência* do capitalismo monopolista tem sido a de esvaziar os instrumentos de participação sócio-política — e, quando possível, promover a sua evicção. *Tendencialmente*, a idade do monopólio trava o desenvolvimento da democracia não apenas como método, mas como "condição social", para retomarmos a distincão de Cerroni (1976).

30. Eis por que ao proletariado e às forças democráticas mais avançadas jamais é indiferente a forma da dominação de classe da burguesia; e isto é tão claro para os estrategistas do monopólio quanto para os marxistas — como Lênin, ao valorizar a "república democrática burguesa".

mandas econômico-sociais e políticas imediatas de largas categorias de trabalhadores e da população podem ser contempladas pelo Estado burguês no capitalismo monopolista não significa que esta seja a sua inclinação "natural", nem que ocorra "normalmente" — o objetivo dos superlucros é a pedra-de-toque dos monopólios e do sistema de poder político de que eles se valem; entretanto, respostas positivas a demandas das classes subalternas podem ser oferecidas na medida exata em que elas mesmas podem ser refuncionalizadas para o interesse direto e/ ou indireto da maximização dos lucros[31].

O que se quer destacar, nesta linha argumentativa, é que o capitalismo monopolista, pelas suas dinâmicas e contradições, cria condições tais que o Estado por ele capturado, ao buscar legitimação política através do jogo democrático, é permeável a demandas das classes subalternas, que podem fazer incidir nele seus interesses e suas reivindicações imediatos. E que este processo é todo ele tensionado, não só pelas exigências da ordem monopólica, mas pelos conflitos que esta faz dimanar em toda a escala societária.

É somente nestas condições que as seqüelas da "questão social" tornam-se — mais exatamente: podem tornar-se — objeto de uma intervenção contínua e sistemática por parte do Estado. É só a partir da concretização das possibilidades econômico-sociais e políticas segregadas na ordem monopólica (concretização variável do jogo das forças políticas) que a "questão social" se põe como alvo de *políticas sociais*[32]. No capitalismo concorrencial, a "questão social", por regra, era objeto da ação estatal na medida em que motivava um auge de mobilização trabalhadora, ameaçava a ordem burguesa ou, no limite, colocava em risco global o fornecimento da força de trabalho para o capital — condições *externas* à produção capitalista. No capitalismo dos monopólios, tanto pelas características do novo ordenamento econômico quanto pela consolidação política do movimento operário e pelas necessidades de legitimação política do Estado burguês, a "questão social" como

---

31. Aqui, os mecanismos para este jogo são quase inesgotáveis — pense-se, por exemplo, na sincronia entre previdência pública e privada e interesses monopolistas na indústria da saúde (serviços, medicamentos, instrumental etc.).

32. Sobre as políticas sociais, cf., entre outros, Marshall (1967 e 1967a), Ranney, org. (1968), Piven e Cloward (1972, 1979), Grevet (1978), Mishra (1981), Higgins (1981), Ginsburgh (1981), Fraser (1984) e, ainda, Rein (1970), Greffe (1975), Santos (1979), Faleiros (1980, 1985) e Sposati et alii (1985); útil é a concisa bibliografia fornecida por Coimbra, in Abranches et alii (1987).

que se *internaliza* na ordem econômico-política: não é apenas o acrescido excedente que chega ao exército industrial de reserva que deve ter a sua manutenção "socializada"; não é somente a preservação de um patamar aquisitivo mínimo para as categorias afastadas do mundo do consumo que se põe como imperiosa; não são apenas os mecanismos que devem ser criados para que se dê a distribuição, pelo conjunto da sociedade, dos ônus que asseguram os lucros monopolistas — é tudo isto que, caindo no âmbito das condições *gerais* para a produção capitalista monopolista (condições externas e internas, técnicas, econômicas e sociais), articula o enlace, já referido, das funções econômicas e políticas do Estado burguês capturado pelo capital monopolista, com a efetivação dessas funções se realizando *ao mesmo tempo* em que o Estado continua ocultando a sua essência de classe.

É a política social do Estado burguês no capitalismo monopolista (e, como se infere desta argumentação, só é possível pensar-se em política social *pública* na sociedade burguesa com a emergência do capitalismo monopolista[33]), configurando a sua intervenção contínua, sistemática, estratégica sobre as seqüelas da "questão social", que oferece o mais canônico paradigma dessa indissociabilidade de funções econômicas e políticas que é própria do sistema estatal da sociedade burguesa madura e consolidada. Através da política social, o Estado burguês no capitalismo monopolista procura administrar as expressões da "questão social" de forma a atender às demandas da ordem monopólica conformando, pela adesão que recebe de categorias e setores cujas demandas incorpora, sistemas de consenso variáveis, mas operantes.

No que tange às requisições do monopólio, a funcionalidade da política social é inequívoca. Ademais das intervenções do Estado na

---

33. Outra questão é a das políticas sociais privadas, conduzidas com caráter não imperativo e não oficial por organizações religiosas (p. ex., as igrejas) e laicas (p. ex., associações profissionais, "clubes de serviço"), formas de intervenção freqüentemente assistemáticas e embasadas fundamentalmente em motivações ético-morais. À parte o fato de precederem o Estado burguês no capitalismo monopolista, importa notar que, com o desenvimento deste, acabaram por ter — salvo em situações muito pontuais — uma ponderação marginal na vida social; realmente, com a consolidação da ordem monopólica, o que ocorre é a crescente e efetiva *subordinação* das políticas sociais privadas às públicas (o que não se passa sem conflitos e colisões).

Também questão diversa, que não pode ser tematizada aqui, é a das protoformas de políticas sociais que, no interior do marco burguês e antes da emersão da organização monopólica, foram implementadas por agências estatais.

economia — diretas e/ou indiretas, como vimos, e que só forçadamente podem ser caracterizadas como políticas sociais —, a funcionalidade essencial da política social do Estado burguês no capitalismo monopolista se expressa nos processos referentes à preservação e ao controle da força de trabalho — ocupada, mediante a regulamentação das relações capitalistas/trabalhadores; lançada no exército industrial de reserva, através dos sistemas de seguro social[34]. Os sistemas de previdência social (aposentadoria e pensões), por seu turno, não atendem apenas a estas exigências: são instrumentos para contrarrestar a tendência ao subconsumo[35], para oferecer ao Estado massas de recursos que doutra forma estariam pulverizados (os fundos que o Estado administra e investe) e para redistribuir pelo conjunto da sociedade os custos da exploração capitalista-monopolista da vida "útil" dos trabalhadores, desonerando os seus únicos beneficiários, os monopolistas (Faleiros, 1980; Galper, 1975 e 1986). As políticas educacionais (muito especialmente as dirigidas para o trabalho, de cunho "profissionalizante") e os programas de qualificação técnico-científica (vinculados aos grandes projetos de investigação e pesquisa) oferecem ao capital monopolista recursos humanos cuja socialização elementar é feita à custa do conjunto da sociedade (Carnoy e Levin, 1987). As políticas setoriais que implicam investimentos em grande escala (reformas urbanas, habitação, obras viárias, saneamento básico etc.) abrem espaços para reduzir as dificuldades de valorização sobrevindas com a supercapitalização (Mandel, 1976, 3).

Sincronizadas em maior ou menor medida à orientação econômico-social macroscópica do Estado burguês no capitalismo monopolista, o peso destas políticas sociais é evidente, no sentido de assegurar as condições adequadas ao desenvolvimento monopolista. E, no nível estritamente político, elas operam como um vigoroso suporte da ordem sócio-política: oferecem um mínimo de respaldo efetivo à imagem do Estado como "social", como mediador de interesses conflitantes. Esta resultante não se produz apenas pelo real atendimento (por vezes, ante-

---

34. A importância deste último aspecto é tanto maior se se leva em conta a tendência do monopólio — que salientamos, citando Sweezy — de acrescer o contingente da força de trabalho excedente. Interessante análise de assistente social sobre estes mecanismos é a oferecida por Galper (1986: 99-109).

35. A tendência ao subconsumo — a que obviamente se conectam os preços inflacionados das mercadorias (e serviços) produzidas pelos monopólios — é também atenuada pela introdução dos *salários indiretos*.

cipado) de demandas de segmentos das classes subalternas. Nela confluem vetores diferenciados. A hipertrofia institucional das agências estatais aparece como uma necessidade da complexidade da gestão "social", "arbitral" — o que, por outro lado, credita lastro de utilidade ao parasitismo que sinalizam. O fato de que as demandas são atendidas a partir de mobilizações e pressões vindas do exterior do aparato estatal permite que aqueles que conquistam algum atendimento se reconheçam como representados nele.

Por trás daquela resultante, porém, está um processo peculiar: a intervenção estatal sobre a "questão social" se realiza, com as características que já anotamos, fragmentando-a e parcializando-a. E não pode ser de outro modo: tomar a "questão social" como problemática configuradora de uma totalidade processual específica é remetê-la concretamente à relação capital/trabalho — o que significa, liminarmente, colocar em xeque a ordem burguesa. Enquanto intervenção do Estado burguês no capitalismo monopolista, a política social deve constituir-se necessariamente em *políticas sociais*: as seqüelas da "questão social" são recortadas como problemáticas *particulares* (*o* desemprego, *a* fome, *a* carência habitacional, *o* acidente de trabalho, *a* falta de escolas, *a* incapacidade física etc.) e assim enfrentadas. A constatação de um sistema de nexos causais, quando se impõe aos intervenientes, alcança no máximo o estatuto de um quadro de referência centrado na noção de *integração social*: selecionam-se variáveis cuja instrumentação é priorizada segundo os efeitos multiplicadores que podem ter na perspectiva de promover a redução de *disfuncionalidades* — tudo se passa como se estas fossem inevitáveis ou como se se originassem de um "desvio" da lógica social. Assim, a "questão social" é atacada nas suas *refrações*, nas suas seqüelas apreendidas como problemáticas cuja natureza totalizante, se assumida conseqüentemente, impediria a intervenção[36]. Donde a "categorização" dos *problemas sociais* e dos seus vulnerabilizados, não só com a decorrente priorização das ações (com sua aparência quase sempre fundada como opção técnica), mas sobretudo com a atomização das demandas e a competição entre as catego-

---

36. No processo em que se tomam como aspectos autônomos da "questão social" as suas refrações particulares concorre — e não cabe enfatizar aqui este ponto fundamental — a específica objetividade de que se revestem, na sociedade burguesa, os fenômenos sociais (cf. infra, cap. 2). Vê-se, neste caso, como um dado da realidade é operacionalizado com eficiência por uma estratégia de classe.

rias demandantes. As implicações são de monta: o atendimento das demandas também opera na direção de travar representações menos mistificadas do processo social.

A funcionalidade da política social no âmbito do capitalismo monopolista, como já indicamos, não equivale a verificá-la como uma "decorrência natural" do Estado burguês capturado pelo monopólio[37]. A vigência deste apenas coloca a sua possibilidade — sua concretização, como sugerimos, é variável nomeadamente das lutas de classes. Não há dúvidas de que as políticas sociais decorrem fundamentalmente da capacidade de mobilização e organização da classe operária e do conjunto dos trabalhadores[38], a que o Estado, por vezes, responde com antecipações estratégicas. Entretanto, a dinâmica das políticas sociais está longe de esgotar-se numa tensão bipolar — segmentos da sociedade demandantes/Estado burguês no capitalismo monopolista[39]. De fato, elas são resultantes extremamente complexas de um complicado jogo em que protagonistas e demandas estão atravessados por contradições, confrontos e conflitos. A diferenciação no seio da burguesia, os cortes no conjunto dos trabalhadores e as próprias fissuras no aparelho do Estado (que, com a autonomização da atividade política, levam alguns de seus atores profissionais a uma relação muito mediatizada com as classes sociais) tornam a formulação das políticas sociais processos que estão muito distanciados de uma pura conexão causal entre os seus protagonistas, os seus interesses e as suas estratégias. É possível verificar, de uma parte, alianças político-sociais as mais insólitas para a formulação de uma determinada política social; de outra, a ponderação dessas alianças pode introduzir fricções entre políticas sociais formuladas simultaneamente e, enfim, é de registrar que as lutas e as confluências dos protagonistas não se encerram na formulação — a implementação

---

37. Num estudo clássico, Marshall (1967a) — aliás retomando a linearidade e o evolucionismo mecanicista da sua análise já citada sobre a questão da cidadania (Marshall, 1967) — mostra como um estudioso perspicaz pode fazer observações inteligentes sobre a emergência das políticas sociais sem ponderar com justeza que elas resultam de lutas e confrontos entre classes.

38. Piven e Cloward (1972) comprovaram historicamente (com exemplos da Era Progressista, do *New Deal* e das reformas da década de sessenta) esta hipótese nos Estados Unidos.

39. A crítica que a este simplismo dirige Coimbra (in Abranches et alii, 1987: 86-94), é, sem dúvidas, procedente — mas, no texto em que a formula, o autor não oferece elementos que possam superá-lo efetivamente.

das políticas sociais é outro campo de tensões e alianças, no qual freqüentemente jogam papel não desprezível categorias técnico-profissionais especializadas. Finalmente, para acentuar a pluridimensionalidade deste processo, é de mencionar a interação entre as políticas sociais públicas e as de agências privadas da sociedade civil — nestas, podem surgir experiências e modalidades de intervenção que, mesmo apropriadas pelo Estado, inserem matizes novos na dinâmica do setor afetado.

Possibilidade objetiva posta pela ordem monopólica, a intervenção estatal sistemática sobre a "questão social", penetrada pela complexidade que insinuamos, está longe de ser unívoca. No marco burguês, a sua instrumentalização em benefício do capital monopolista não se realiza nem imediata nem diretamente — seu processamento pode assinalar conquistas parciais e significativas para a classe operária e o conjunto dos trabalhadores[40], extremamente importantes no largo trajeto histórico que supõe a ruptura dos quadros da sociedade burguesa.

1.2. Problemas sociais: entre o "público" e o "privado"

Substantivamente, o giro que a organização monopólica da sociedade burguesa conferiu ao enfrentamento das refrações da "questão social" deriva da contínua, sistemática e estratégica intervenção estatal sobre elas. Esta inflexão implicou de fato no redimensionamento do Estado burguês que, como acabamos de ver, joga agora uma função coesiva central; dito em poucas palavras, ampliou-se e tomou-se mais complexa a estrutura e o significado da ação estatal, incorporando-se os desdobramentos do caráter *público* daquelas refrações: as seqüelas da ordem burguesa passaram a ser tomadas como áreas e campos que legitimamente reclamavam, e mereciam, a intervenção da instância política que, formal e explicitamente, mostrava-se como expressão e manifestação da coletividade. No movimento que determinou este giro, confluíram quer as exigências econômico-sociais próprias da idade do monopólio (cf. seção 1.1), quer o protagonismo político-social das camadas trabalhadoras, especialmente o processo de lutas e de auto-orga-

---

40. A maturidade política do proletariado e de suas organizações de classe, aliás, tem um de seus indicadores na compreensão do potencial contraditório das políticas sociais.

nização da classe operária[41] (cf. seção 1.3); mas intercorreu também, com significativa ponderação, o novo dinamismo político e cultural que passou a permear a sociedade burguesa com as crescentes diferenciações no interior da estrutura de classes[42] (cf. seção 1.3).

Parece inconteste que o giro mencionado feriu efetivamente a programática liberal que acompanhou o desenvolvimento do capitalismo em seu período precedente e que se cristalizou como uma das mais paradigmáticas e resistentes construções ideológicas da burguesia. Sem entrar na discussão particular do relevo atribuído pelo ideário liberal à funcionalidade estatal, basta recordar que a própria consideração dos *direitos sociais*[43], corolário da legitimação das políticas sociais, contribui para erodir pela base o *ethos* individualista que é componente indissociável do liberalismo econômico e político[44]. Entretanto, seria um grave equívoco supor que o giro em questão derruiu o conjunto de representações sociais (e de práticas a elas conectadas) pertinentes ao ideário liberal. Antes, ocorreu algo distinto: nas condições da idade do monopólio, o caráter público do enfrentamento das refrações da "questão social" incorpora o substrato individualista da tradição liberal, *ressituando-o* como elemento subsidiário no trato das seqüelas da vida social burguesa.

O fenômeno nada tem de enigmático. Por uma parte, a ordem burguesa supõe necessariamente que, em última instância, o destino pessoal é função do indivíduo como tal[45]; a conseqüência inelutável é que

---

41. Para uma síntese destes protagonismo e processo, na transição do capitalismo concorrencial ao imperialismo, cf. Droz (org.) (1972), Abendroth (1977), Hobsbawm (1982, 1987) e Rosenberg (1986), bem como as fontes citadas na nota 88.

42. Diferenciações no interior da burguesia (*v. g.*, a especificação dos seus setores monopolistas), do proletariado (por exemplo, o aparecimento da chamada *aristocracia operária*) e também as conseqüentes ao adensamento e à diversificação dos segmentos e categorias intermediários entre as duas classes. Cf. *infra*.

43. É interessante notar como Marshall (1967: 87 e ss.), na sua linear concepção da constituição da cidadania moderna, observa que estes direitos foram os *últimos* a se desenvolver como tais na ordem burguesa.

44. Para uma primorosa análise deste *ethos*, recorrer a Gouldner (1973: 64 e ss.) e também a Mabbott (1968) e Macpherson (1978, 1979).

45. Há que considerar que esta verificação factual não infirma, por um lado, as utopias organo-corporativas (com seus reacionarismo ou conservantismo) como próprias de um certo nível de desenvolvimento da sociedade burguesa nem, por outro, que o antiliberalismo do ordenamento fascista seja, como querem Horkheimer e Adorno (1971), uma possibilidade embutida no liberalismo mesmo.

tanto o êxito como o fracasso sociais são creditados ao sujeito individual tomado enquanto mônada social. Por outra parte, a criação, pela via de ações públicas, de condições sociais para o desenvolvimento dos indivíduos não exclui a sua responsabilização social e final pelo aproveitamento ou não das possibilidades que lhes são tornadas acessíveis. Eis por que o redimensionamento do Estado burguês no capitalismo monopolista em face da "questão social" simultaneamente corta e recupera o ideário liberal — *corta-o*, intervindo através de políticas sociais; *recupera-o*, debitando a continuidade das suas seqüelas aos indivíduos por elas afetados.

Na verdade, o que se passa é que a incorporação do caráter público da "questão social" vem acompanhada de um reforço da aparência da natureza privada das suas manifestações individuais. Ocorre como que uma redefinição do público e do privado na idade do imperialismo, que atende tanto à invasão de todas as instâncias sociais pela lógica monopólica quanto à conservação de âmbitos onde se movem vetores contabilizados à órbita individual — dando naquele circuito que promove a "polarização da esfera social e da esfera íntima" (Habermas, 1984: 180). Na escala em que se implementam medidas *públicas* para enfrentar as refrações da "questão social", a permanência das suas seqüelas é deslocada para o espaço da responsabilidade dos *sujeitos individuais* que as experimentam.

Já observamos (seção 1.1) o mecanismo pelo qual o Estado burguês no capitalismo monopolista converte as refrações da "questão social" em *problemas sociais*. É com esta conversão que se opera o ressituar do *ethos* individualista, que emerge paradoxalmente fortalecido: o que escapa à conseqüência da ação pública torna-se-lhe o campo privilegiado de vigência. É assim que as condições que o marco do monopólio estabelece para a intervenção sobre os problemas sociais não destroem a possibilidade de enquadrar os grupos e os indivíduos por eles afetados numa ótica de *individualização* que transfigura os problemas sociais em problemas pessoais (privados); ao contrário, esta ótica aparece como persistente elemento coadjuvante e/ou, em situações histórico-sociais precisas, até mesmo componente de extremo relevo do enfrentamento público das seqüelas da "questão social".

A ambivalente, fluida e equívoca inserção das manifestações da "questão social" nas zonas de sombra que constituem a área fronteiriça do "público" e do "privado" na sociedade burguesa da idade do monopólio não é produto, vê-se, de uma conspiração político-ideológica dos segmentos burgueses que instrumentalizam o Estado. Esta inserção responde à própria dialética do processo social na moldura da sociedade burguesa madura e consolidada. Não é possível contestar, todavia, que ela oferece um largo campo de legitimação ideal da ordem burguesa — quer instaurando as balizas para a sua defesa franca e aberta, quer desobstruindo o terreno para aquela forma de apologia que Lukács (1968) caracterizou como "indireta". E o faz ao mesmo tempo em que confere um suporte real a práticas sociais de algum modo inspiradas em configurações teórico-culturais conectadas àquela legitimação ideal. Tais práticas e tal legitimação aparecem, pois, com uma dupla determinação: tanto são parâmetros para intervir empiricamente sobre as refrações da "questão social" quanto são funcionais para vulnerabilizar as projeções societárias que apontam para a ruptura da ordem burguesa — e é inteiramente supérfluo assinalar que estas duas dimensões, a operativa e a ideal, vinculam-se estreitamente.

Está claro que as estratégias (de classes) implementadas pelo Estado burguês no capitalismo monopolista envolvem diferencialmente as perspectivas "pública" e "privada" do enfrentamento das seqüelas da "questão social"[46]. Tudo indica que parece correto afirmar que se verifica uma visível dominância da perspectiva "pública" quando se trata de refrações da "questão social" tornadas flagrantemente massivas e especialmente em conjunturas nas quais se constata uma curva ascendente do desenvolvimento econômico; a proeminência da perspectiva "privada" parece dar-se sobretudo em momentos imediatamente anteriores e posteriores à emergência de conjunturas críticas. A experiência histórica revela, contudo, que não temos invariavelmente uma seqüência regular, antes se configurando situações complexas: a perspectiva "privada" pode ganhar destaque em fases de crescimento, quando não há políticas sociais setoriais suficientemente articuladas ou ainda quando suas potencialidades coesivas não se mostram com um mínimo de eficácia; alternativamente, a perspectiva "pública" pode manter-se dominante em fases de conjunturas críticas, quando a intercorrência de agudas refrações da "questão social" com rápidos processos de mobilização e organização sócio-política das classes subalternas sinaliza possibilidades de ruptura da ordem burguesa. Em suma, neste pla-

---

46. Entenda-se que, aqui, não se faz referência a *políticas sociais* públicas e privadas (cf. nota 33); a distinção remete à localização dos *problemas sociais* no âmbito do "público" ou do "privado".

no se tornam de pouca valia as observações de teor genérico, exigindo-se a análise concreta de situações precisas do movimento das formações econômico-sociais burguesas em suas particularidades[47].

Pela argumentação expendida atrás (seção 1.1), não pode haver dúvidas de que a perspectiva mais pertinente à natureza do Estado burguês no capitalismo monopolista é a da consideração "pública" dos problemas sociais. No entanto, é inteiramente justo constatar que, em qualquer alternativa, tal Estado se encontra em condições de subsidiá-la e de acoplar a ela a perspectiva "privada", ou mesmo de conferir destaque a esta; mais: é igualmente certo que em nenhuma conjuntura este Estado recorre exclusivamente a uma de tais perspectivas.

A ausência de uma recorrência excludente à perspectiva "pública" ou "privada" não se deve apenas à referida dialética do processo social na moldura burguesa, que propicia um laço de complementaridade efetiva entre ambas. Ela advém de uma complicada malha de relações e conexões que só podemos examinar aqui tratando de três dos seus principais eixos, de alguma maneira já tangenciados na argumentação precedente — a captura dos espaços "privados" pela lógica específica do capitalismo monopolista, os componentes de legitimação da ordem burguesa e a recuperação de um patrimônio teórico-cultural apto a consagrar aquela complementaridade no plano da representação ideal.

Quanto à captura dos espaços "privados" pela lógica particular dos movimentos de acumulação e valorização próprios ao capital monopolista, ela vai bem mais adiante que as modificações brilhantemente pensadas por Habermas (1984), quando analisou as alterações que a "esfera pública" sofre na constituição e na consolidação da sociedade burguesa. Na idade do imperialismo, a organização monopólica da vida social tende a preencher todos os interstícios da vida pública e da vida privada; a subordinação ao movimento do capital deixa de ter como limites imediatos os territórios da produção: a tendência manipuladora e controladora que lhe é própria desborda os campos que até então ocupara (no capitalismo concorrencial), domina estrategicamente a circulação e o consumo e articula uma indução comportamental

---

47. Para fundamentar esta argumentação, relembrem-se as políticas do Estado norte-americano na Era Progressista, no período do *New Deal* e na fase do reformismo kennedyano.

Variável central para esclarecer a predominância de uma ou outra destas perspectivas é a relação que, em momentos determinados, se estabelece entre a *estrutura do Estado* e a *composição do governo*.

para penetrar a totalidade da existência dos agentes sociais particulares. Aqui, é o inteiro cotidiano dos indivíduos que tende a ser *administrado*[48], um difuso terrorismo psicossocial se destila pelos poros da vida (Lefebvre, 1968) e se instila em todas as manifestações anímicas e todas as instâncias que outrora o indivíduo podia reservar-se como áreas de autonomia (a constelação familiar, a organização doméstica, a fruição estética, o erotismo, a criação dos imaginários, a gratuidade do ócio etc.) convertem-se em limbos programáveis como áreas de valorização potencial do capital monopolista. A mercantilização universal das relações sociais — que os fundadores da teoria social revolucionária vislumbraram com uma acuidade espantosa (Marx-Engels, 1975: 63) — num primeiro instante monetariza as interações humanas e redunda, com a consolidação da ordem monopólica, na mediação delas pelas instituições que plasmam os *serviços* — e estes se organizam crescentemente segundo a estrutura do monopólio. Não se trata, neste âmbito, tão-somente do processo de liquidação dos espaços de *autonomia* do indivíduo; trata-se, nomeadamente, da expansão — que parece não encontrar limites — das modalidades de investimento e de valorização próprias do capital monopolista: elas invadem e metamorfoseiam o "privado". Este não desaparece: conserva-se quase como um *irredutível*, como em algum texto Lefebvre o caracterizou. Não ocorre a sua liquidação — ele aparece como o terreno estrito do individual; o que se passa é que esta esfera da existência se dinamiza e se tensiona por um comando tendencialmente *heteronômico*; a heteronomia posta pela invasão da lógica monopólica nesta esfera não a elimina como tal, antes acentuando a sua aparente indissolubilidade. Resulta, pois, que a expansão das modalidades de investimento do monopólio, que convertem em "serviço" praticamente a tudo, combina-se à perfeição com os projetos de preservação de "individualidades" que, elas mesmas, são produzidas e reproduzidas conforme as necessidades daquela expansão[49]. Assim, enlaçam-se organicamente as induções massivas que a lógica monopólica requer e as enfáticas saliências que ela confere ao

---

48. Recorde-se que uma das teses centrais de fecunda análise de Marcuse (1967) é precisamente aquela segundo a qual a partir de um dado nível de desenvolvimento da sociedade burguesa a *dominação* se escamoteia em *administração*.

49. Todo este processo foi posto em destaque especialmente por pensadores ligados à Escola de Frankfurt, cujas obras principais são mencionadas ao longo de nosso texto — dispensamo-nos, pois, de retomar aqui as suas conhecidas análises.

"privado", ao "íntimo", ao "pessoal". O cerco e a penetração que o monopólio exercita em face do indivíduo não o elidem: supõem-no necessariamente e necessariamente jogam na sua reprodução enquanto sujeito individual. Ora, é esta dinâmica elementar que percorre o conjunto da vida social na idade do monopólio — e ela aparece reposta na intervenção do Estado que, como vimos, opera no sentido de garanti-la. O ataque aos problemas sociais pelo Estado burguês no capitalismo monopolista, movimentando-se entre o "público" e o "privado", ademais das implicações rigorosamente econômicas que porta, revela como o primeiro subordina o último recolocando-o sistematicamente — e, fazendo-o através de mediações que não podem ser deduzidas da pura lógica da valorização monopolista, traz à tona a complementaridade indescartável entre ambos.

Os componentes que sinalizam essa complementaridade no domínio dos processos de legitimação da ordem monopólica arrancam, quase todos, de algum modo, do substrato do *ethos* individualista. Mas a incidência deste, agora, com a ressituação que sofre na idade do monopólio, surge sob uma forma inédita: aparece não mais como a reiterada proclamação das possibilidades da vontade individual, tão adequada ao perfil de uma ordem econômica e social dinamizada por iniciativas de sujeitos empreendedores, mas especialmente como o privilégio das *instâncias psicológicas* na existência social. A tendência a *psicologizar* a vida social, própria da ordem monopólica[50], é tão compatível com os processos econômico-sociais que o imperialismo detona quanto se manifesta adequada à sua reprodução — mas sobretudo se revela como um importante lastro legitimador do existente. Tais compatibilidade e adequação não reclamam, atualmente, tratamentos analíticos mais aprofundados, uma vez que já se tem acumulada uma bibliografia larga e suficiente para a sua compreensão[51]. Elas se inserem no marco macroscópico no interior do qual, retomando e rearticulando seus elementos constitutivos, a sociedade burguesa, com o monopólio organizando e regulando o mercado, produz e reproduz os seus agentes so-

---

50. As implicações desta relação entre redução da autonomia efetiva dos indivíduos e hipertrofia dos processos centrados na psicologização das relações sociais, no marco do imperialismo, foram intensivamente analisadas por Lukács (1967, 1968 e 1969), mas referidas especialmente a problemas filosóficos e estéticos.

51. Cf. entre muitos estudos, Adorno (1962, 1982), Marcuse (1967), Lukács (1967, 1968 e 1969), Horkheimer e Adorno (1971) e Horkheimer (1973).

ciais particulares: o esvaziamento das individualidades, diminuída progressivamente a área de intervenção autônoma dos sujeitos singulares, corre simétrico à hipostasia da sua valoração abstrata. O encolhimento dos espaços de atividade coletiva e social dirigida segundo a volição dos indivíduos decorre simultaneamente à inflação da sua privacidade, recolhida à fronteira de um eu atomizado. A proporção que a ordem monopólica invade e devassa, com a sua própria lógica de valorização, o universo — inclusive simbólico e afetivo — antes tido e havido como reserva psíquica do indivíduo, mais as dimensões do "psicológico", abstratas porque autonomizadas das mediações entre indivíduo e sociedade, ganham peso. No limite, para parafrasear canônica conclusão[52], quanto menos conteúdo psicológico próprio se torna possível para os sujeitos, mais ponderação adquirem as suas representações psicológicas. O pessoal e o individual (a "personalidade"), com uma inserção tomada como casual na sociedade, identificam-se com o psíquico.

O lastro legitimador que se contém na psicologização engendrada neste processo está longe de esgotar-se na possibilidade, já referida, de responsabilizar o(s) sujeito(s) singular(es), na sua particular configuração individual, pelo seu destino pessoal. É óbvio que esta possibilidade tem significância: a individualização dos problemas sociais, sua remissão à problemática singular ("psicológica") dos sujeitos por eles afetados, é, como vimos, um elemento constante, embora com gravitação variável, no enfrentamento da "questão social" na idade do monopólio; ela permite — com todas as conseqüências que daí decorrem — *psicologizar os problemas sociais*, transferindo a sua atenuação ou proposta de resolução para a modificação e/ou redefinição de características pessoais do indivíduo (é então que emergem, com rebatimentos prático-sociais de monta, as estratégias, retóricas e terapias de *ajustamento* etc.). No entanto, parece-nos que não é somente neste plano que reside o componente legitimador significativo que se embute na psicologização da vida social, aliás bastante estudado[53]. O que se nos afigura mais expressivo é que a psicologização das relações sociais realiza, no plano

---

52. Segundo Adorno e Horkheimer (1969: 56), "quanto menos indivíduo, tanto mais individualismo".

53. O traço apologético da psicologização, principalmente no que tange às suas implicações com as psicoterapias de ajustamento, de reintegração etc., já foi suficientemente ressaltado, muito especialmente na bibliografia que contém a crítica do pensamento funcionalista; no caso do Serviço Social, boa parcela da literatura do movimento de reconceptualização centrou-se nesta temática.

do indivíduo, a contrapartida da redefinição que a ordem monopólica instaura entre o "público" e o "privado" — e não só ao reduzir o "privado" às dimensões e realidades psíquicas, "íntimas", do indivíduo. Do ponto de vista do sujeito, que a si mesmo se toma enquanto mônada, a psicologização compensa o espaço de realização autônoma que lhe foi subtraído pela extensão da lógica monopólica: demandando o atendimento dos "serviços" que, incidindo sobre a sua "personalidade" (ajustando-a, integrando-a etc.), as instituições sociais lhe oferecem (de fato ou como possibilidade), o indivíduo obtém um sucedâneo de inserção social que parece propiciar-lhe um liame societário. A atomização social que é a aparência necessária da ordem monopólica não é resolvida como no clássico ideário liberal (e nem poderia sê-lo); é aceita no plano fático porque simultaneamente se lhe põe como alternativa um substitutivo que, no imaginário, parece conceder à "personalidade" um cuidado que remete à sua significação e valor enquanto unidade singular.

Se assim é, o potencial legitimador da ordem monopólica contido na psicologização ultrapassa de longe a imputação ao indivíduo da responsabilidade do seu destino social; bem mais que este efeito, por si só relevante, implica um tipo novo de relacionamento "personalizado" entre ele e instituições próprias da ordem monopólica que, se não se mostram aptas para solucionar as refrações da "questão social" que o afetam, são suficientemente lábeis para entrelaçar, nos "serviços" que oferecem e executam, desde a indução comportamental até os conteúdos econômico-sociais mais salientes da ordem monopólica — num exercício que se constitui em verdadeira "pedagogia" psicossocial, voltada para sincronizar as impulsões individuais e os papéis sociais propiciados aos protagonistas[54].

Até este ponto, nossa argumentação esforça-se por destacar a existência de mecanismos intrínsecos à ordem monopólica que fundam objetivamente as perspectivas que o Estado burguês próprio a ela explora no enfrentamento das refrações da "questão social". Obviamente, este enfrentamento não se desenvolve — e o remarcamos na ocasião devida — unívoca e linearmente; nem se trata de processos cegos, aos quais seriam estranhas as projeções derivadas de estratégias de classes.

---

54. Os especialistas reconhecerão aqui práticas institucionais típicas do Serviço Social de Caso, nomeadamente na forma dominante que adquiriu, entre os anos trinta e quarenta, nos Estados Unidos.

Todavia, até essa altura, temos ressaltado o que é inerente à lógica do capital monopolista como possibilidade imanente do seu movimento. Há que contabilizar, porém, que com essas possibilidades se conjuga um patrimônio teórico-cultural que as respalda largamente.

Com efeito, desde o segundo terço do século XIX acumulou-se um acervo de reflexões sobre o ser social que, matriz das ulteriores ciências sociais (cf. Capítulo 2) e caixa de ressonância das lutas sociais, acabaria por se constituir numa espécie de referencial originário para orientar e legitimar intelectualmente as modalidades mais elementares de enfrentamento da "questão social". É interessante observar que este acervo, cuja gênese precede a emergência e a consolidação da idade do monopólio, é um bloco cultural muito heterogêneo; mais ainda: em suas bases se encontram inspirações hauridas no anticapitalismo romântico[55] e ele não pode ser identificado com uma vertente de direta apologética do imperialismo.

A tradição intelectual a que estamos nos referindo é aquela que configura a curva do *pensamento conservador*[56]. Diferenciada, marcada por tensões e rupturas internas, esta tradição intelectual possui um travejamento que a tornará apta a desempenhar o papel que lhe atribuímos — qual seja, o de subsidiar a unidade estratégica entre as perspectivas "pública" e "privada" no confronto do Estado burguês no capitalismo monopolista com as refrações da "questão social". Precisamente esse travejamento é que converterá aquela tradição em um dos suportes ideais para a complementaridade do enfrentamento simultaneamente "público" e "privado" dos problemas sociais. E de que travejamento se trata? De *um estilo de pensar o social* que tem por limite o marco da socialidade burguesa, o *positivismo*, que, antes de ser uma "escola" sociológica, é a auto-expressão ideal do ser social burguês[57]; estilo de pensar que Marcuse (1969: 313) apreendeu sinoticamente: "Todos os conceitos científicos deviam ser subordinados aos fatos. Os primeiros deviam simplesmente manifestar a conexão real entre os últimos. Os

---

55. Pense-se, por exemplo, na obra de Toennies e em aspectos centrais da reflexão de Durkheim.

56. Tematizaremos esta tradição, sob outra luz, no capítulo 2. Aqui, nosso interesse vai na direção de recuperar o que, nesta vertente, articulam, no plano teórico-cultural, as perspectivas "pública" e "privada" do enfrentamento da "questão social".

57. Auto-expressão que acompanha os movimentos ascendentes (progressistas) e descendentes (regressivos) do pensamento burguês — recordem-se as diferenças entre Condorcet (e toda a inspiração "positivista" do Iluminismo) e Comte e Spencer.

fatos e suas conexões representavam uma ordem inexorável que compreendia os fenômenos sociais e naturais. As leis [reveladas por este estilo de pensar] eram positivas também no sentido de afirmarem a ordem estabelecida como base para a negação da necessidade de construção de uma nova ordem. [Tais leis não excluem] a necessidade de reforma e de mudança [... que] são parte do mecanismo da ordem estabelecida, de modo que esta progride suavemente para um estado mais alto, sem ter de começar por ser destruída".

É este núcleo fundamental da tradição teórico-cultural em tela que a metamorfoseará em subsídio ideal ao Estado burguês no capitalismo monopolista, minimizando seus virtuais traços de colisão com ele[58]. E seu ponto de gravitação está menos nos óbvios caracteres de conservantismo — que, na mesma passagem, Marcuse resume plasticamente como a "aquiescência com o dado" — em relação à ordem estabelecida (caracteres que, saliente-se, supõem intenções reformistas) do que *na consideração do social como equalizado à natureza*[59]. Efetivamente, é nesta *naturalização* da sociedade que encontramos o princípio que adapta a tradição conservadora às exigências que estamos pontuando do Estado burguês. Em primeiro lugar, ao naturalizar o social, esta tradição estabelece nitidamente a inépcia dos sujeitos sociais para direcioná-lo segundo seus projetos — mais exatamente, estabelece a sua *refratariedade* à razão e à vontade dos sujeitos sociais: a sua variabilidade obedece a regularidades fixas que escapam substantivamente à intervenção consciente dos sujeitos históricos; o social, como tal, aparece como uma realidade ontologicamente alheia a esses[60]. O que assim re-

---

58. Traços que emergem claramente não no perfilamento político-social (por exemplo, o antiliberalismo), mas nas projeções éticas desta tradição.

59. Esta equalização — que escamoteia a específica ontologia do ser social — deriva na atribuição de um estatuto "científico" à reflexão sobre a sociedade diretamente extraído dos modelos das ciências da natureza; voltaremos ao tema no capítulo 2.

60. Recorde-se como Comte (1973: 17) pensava que "a fundação da física social completa o sistema das ciências naturais" ou, ainda, a "interpretação básica do movimento social como necessariamente sujeito a leis físicas invariáveis" (apud Marcuse, 1969: 310). Quanto a Durkheim, sua concepção não é menos explícita: "A ciência social não poderia realmente progredir mais senão se houvesse estabelecido que as leis das sociedades não são diferentes das leis que regem o resto da natureza e que o método que serve para descobri-las não é outro senão o método das outras ciências" (Durkheim, 1953: 113). No que tange às transformações sociais que decorreriam de estratégias de classe, de projetos *conscientes*, ele também é inequívoco: "[...] Os fenômenos físicos e sociais são fatos como os outros, submetidos a leis que a vontade humana não pode interromper a seu arbítrio [...]. Por conseqüência, as revoluções no sentido próprio do termo são coisas tão impossíveis como os milagres" (Durkheim, 1975a: 485).

cebe sanção teórica e consagração cultural é a *impotência* dos sujeitos e protagonistas sociais em face dos rumos do desenvolvimento da sociedade[61] — não só uma legitimação do estabelecido como, principalmente, uma predisposição para aceitar a sua evolução seja em que sentido for.

No entanto, o decisivo é a contraface desta naturalização do social: *ao naturalizar a sociedade, a tradição em tela é compelida a buscar uma especificacão do ser social que só pode ser encontrada na esfera moral*[62]. Naturalizada a sociedade, o específico do social tende a ser situado nas suas dimensões ético-morais[63] — e eis que se franqueia o espaço para a psicologização das relações sociais[64].

A rota da psicologização passa, num primeiro momento, pela determinação da problemática da "questão social" como sendo *externa* às instituições da sociedade burguesa — ela deriva não das suas dinâmica

---

61. Não é por acaso que um analista salienta que a *resignação* é uma tônica na obra de Comte: "O assentimento ao princípio das leis invariáveis na sociedade prepararia os homens para a disciplina e a obediência à ordem existente e promoveria a sua 'resignação' diante dela" (Marcuse, 1969: 311). As principais disquisições sobre a resignação, em Comte, encontram-se especialmente no *Curso de filosofia positiva* e no *Discurso sobre o espírito positivo* (parcialmente reproduzidos em Comte, 1973).

62. O empenho com que esta tradição distinguiu *ciência* de *ética* (cf., por exemplo, Durkheim, 1984) não infirma a assertiva; ao contrário, é na sua distinção que elas se complementam.

63. Em Comte, a especificidade aparece sob a forma do "instinto social", que remete à evolução a culminar no "estágio positivo", apto a fundar uma nova moral (cf. o *Discurso sobre o espírito positivo*) e a derivar na estrambótica "religião da humanidade". Em Durkheim, pensador muito mais rigoroso e refinado, o fulcro ético-moral emerge com o processo pelo qual a redução da ponderação da "consciência coletiva" (mais exatamente: a redução da sua universalidade) abre a alternativa da diferenciação e da vigência mais autônoma da consciência dos indivíduos singulares — o que implica a existência do "constrangimento moral"; não se pode esquecer que Durkheim perseguiu explicitamente o objetivo de elaborar uma "ciência da vida moral" (para uma interessante análise desta problemática em Durkheim, cf. Lukes, 1972 e especialmente Giddens, 1984: 109 e ss.).

64. Esta conclusão certamente colide com o "objetivismo" a que se vê identificado Durkheim — e que aparece, por exemplo, no seu cuidado de, atribuindo uma dimensão psíquica aos "fatos sociais", distingui-la das consciências individuais (Durkheim, 1974: 1-34). Mas esta remissão não cancelou o seu recurso ao moralismo, tão evidente na requisição de uma "solidariedade orgânica" (cf. *De la division du travail social* — onde, diga-se de passagem, ele afirma peremptoriamente que "a ciência está [...] fora da moral" — Durkheim, 1973: 327), nem o impediu de reduzir algumas vezes a relação entre pesquisador e juízo de valor a um puro problema psicológico (Löwy, 1987: 29-31).

e estrutura, mas de um conjunto de *dilemas mentais e morais*[65]; logo, a proposta terapêutica não pode ser senão "uma reorganização espiritual" (Comte, 1973: 92), apta a contemplar "o verdadeiro *programa social dos proletários*" [sic], consistente em "assegurar convenientemente a todos, primeiro, uma educação normal, depois, o trabalho regular" (idem)[66]. O deslocamento que verificamos aqui não converte a psicologização em individualização. Ele consiste basicamente em dois movimentos: um, que *deseconomiza* (e, portanto, desistoriciza) a "questão social"[67]; outro, que situa o alvo da ação tendente a intervir nela no âmbito de algumas expressões anímicas — e é supérfluo indicar o enlace orgânico entre estes dois movimentos. Ambos concretizam o giro que translada o enfoque das refrações da "questão social", sem prejuízo da sugestão de práticas que as afetem perfunctoriamente[68], para o terreno da *modelagem* psicossocial e moral —, donde a ênfase na educação e na espiritualidade. Se não estamos já diante da individualização dos rebatimentos da "questão social", o fato é que este passo psicologizante matriza uma postura verdadeiramente canônica da tradição conservadora, postura que será inteiramente compatível com vertentes que, nesta tradição, repudiam alguns dos postulados centrais do positivismo "clássico" (é o caso específico das proposições da Doutrina Social da Igreja, tal como as formulou Leão XIII[69]); desde então, a programática conservadora inovou pouquíssimo.

---

65. Comte (1973: 75) di-lo com a sua habitual clareza: "[...] As principais dificuldades sociais não são hoje essencialmente políticas, mas sobretudo morais, de sorte que sua solução depende realmente das opiniões e dos costumes, muito mais do que das instituições". E, linhas antes desta afirmação, considera que o "espírito positivo" deve atacar "a desordem atual em sua verdadeira fonte, necessariamente mental". Vê-se que não foi por acaso que Comte saudou o golpe de Estado de Luís Bonaparte como a "crise feliz que acaba de abolir o regime parlamentar e de instaurar a república ditatorial, duplo preâmbulo de toda verdadeira regeneração" (1973: 107).

66. Para que se tenha uma idéia da totalidade desta proposta, recorde-se que neste texto (*Discurso sobre o espírito positivo*), Comte deixa claro que "a escola positivista tende [...] a consolidar todos os poderes atuais, sejam quais forem seus possuidores" e que, ao contrário do poder político, o "poder moral [...] é o único verdadeiramente acessível a todos" (1973: 86 e 92).

67. A fundação da sociologia como ciência autônoma e particular tem em sua base o projeto de estudar as relações sociais prescindindo da sua dimensão econômico-política (voltaremos a esta questão no capítulo 2). Marcuse (1969: 307) observa corretamente que a empresa comteana "abandonou a economia política como raiz da teoria social".

68. Como se sabe, em Comte é constante a preocupação em melhorar as condições de vida "das classes baixas" (cf. especialmente o *Curso de filosofia positiva*).

69. A incompatibilidade de fundo entre alguns pressupostos filosóficos de Comte e as formulações de Leão XIII é óbvia. Entretanto, o espaço que o racionalismo limitado e estreito

Num segundo momento, desembaraçada da "metafísica positiva de Comte" (Durkheim, 1973: 376) e sem o cariz da "religião da humanidade", a psicologização avança. Trata-se aqui da elaboração durkheimiana que, como toda expressão do mais legítimo conservadorismo, partia igualmente da colocação de que a "questão social" era fundamentalmente moral (e, tal como Comte, a deseconomizava[70]). Contudo, se esta premissa era oriunda do comtismo, a sua articulação no pensamento de Durkheim é bastante diversa — e não só em razão do contexto histórico determinado e dos interlocutores com que Durkheim se defronta[71], mas basicamente porque a sua reflexão, mirando a constituição precisa da sociologia como disciplina particular e autônoma, não pretende erguer um sistema inclusivo, próprio de uma "ciência universal"[72]. Daí que o tratamento teórico dado a esta premissa seja de outro naipe: a psicologizacão que se forja em Durkheim[73], e que também não deságua na individualização[74], remete não para o conjunto macroscópico da "questão social", mas para a evidência societária das suas refrações mais preocupantes para o pensamento conservador: o problema da *coesão social*. De fato, o nervo da reflexão durkheimiana pode corretamente ser localizado na questão do

---

do positivismo ocupa é complementar a inúmeras formas de irracionalismo — como o prova a mesma evolução comteana; aliás, Marcuse (1969: 309) percebeu "a conexão entre a filosofia positiva e o irracionalismo [...]. De mãos dadas com a sujeição do pensamento à experiência imediata ia o constante alargamento da experiência, de modo que esta deixava de se limitar ao campo da observação científica e proclamava diversos tipos de forças supra-sensíveis".

O exame de um documento tão importante como a encíclica *Rerum Novarum* (Leão XIII, 1961) revela uma assombrosa proximidade entre as programáticas comteana e católica em face da "questão social" e não há nenhum mistério: a Igreja avança também sobre os trilhos do *eticismo*, posto que Leão XIII opere uma evidente *naturalização* da sociedade.

70. Num pesquisador honesto e responsável como Durkheim, assusta a sua literal ignorância da dinâmica econômica da ordem capitalista; para ilustrá-la, cf. as suas breves disquisições sobre o problema do *valor*, no segundo capítulo d'*As regras do método sociológico*.

71. Durkheim já polemiza com as produções do pensamento socialista revolucionário e tem de haver-se com um processo de organização operário-sindical em escala quase continental; cf. esp. Lukes (1973), Tiryakian, in Bottomore e Nisbet, orgs. (1980), Giddens (1984) e Löwy (1987).

72. Lukács, a quem recorreremos ulteriormente ao tematizar a constituição da sociologia e das chamadas ciências sociais (cf. capítulo 2), analisa com rigor, em *A destruição da razão*, o giro que sepulta as originais pretensões universalizantes da sociologia (Lukács, 1968: 472).

73. Cf. as notas 62 e 63.

74. Giddens (1984: 145 e ss.) apresenta uma persuasiva análise da questão do indivíduo ao longo de toda a obra de Durkheim.

controle social — e é então que a sua modalidade de psicologização das relações sociais aparece inteira: a essência de um tal controle, efetivo e operante, encontra-se na *esfera moral*[75]. A sua impostação, todavia, carece do viés descaradamente especulativo do seu predecessor: Durkheim insere o seu moralismo num quadro mais sofisticado que o das petições de princípio. Por um lado, com o mais direto apelo à naturalização da sociedade, considera eternos e a-históricos certos mecanismos básicos que determinam a estratificação social que tem sua culminação na sociedade burguesa[76]; de outro, dado o seu antiliberalismo[77], sustenta que as tensões e conflitos derivados daqueles mecanismos podem ser equacionados pela construção coletiva de *normas*, que, introjetadas nos indivíduos, reduzem os comportamentos sociopáticos[78] — normas decididamente *morais*. A função (aliás, Durkheim é o primeiro a usar este termo com rigor[79]) da moral, compulsoriamente constrangedora, é justamente garantir a vigência dos comportamentos "normais" e, universalizada, sancionar a classificação da sua variação como desvio sociopático.

Se em Durkheim surgem explícitas as duas faces da moeda positivista e conservadora, a naturalização e a psicologização do social, elas ganham um complemento que aparece como mediação *política*: como, ao contrário de Comte, não pode abstrair completamente o Estado do seu horizonte intelectual, Durkheim, buscando viabilizar formas eficientes de controle e coesão sociais, é levado a estabelecer uma verdadeira teoria da representação — aquela do *neocorporativismo*, apresentada de forma conclusa no prefácio da segunda edição de *Da divisão do trabalho social* (Durkheim, 1973: 305-323). Com ela se com-

---

75. É a este resultado recorrente que Durkheim chega, quer investigue a divisão social do trabalho, quer se debruce sobre as formas elementares da vida religiosa.

76. Löwy (1987: 27), acertadamente, mostra que é nesta consideração (patenteada em *Da divisão do trabalho social*) que assentam as modernas teorias funcionalistas das classes sociais, notadamente a formulada por Davis e Moore.

77. Não nos parece convincente a tese, defendida por Richter (in Wolff, org., 1960), segundo a qual Durkheim deve ser visto como um liberal *do século XIX*.

78. Não há dúvidas acerca do pioneirismo de Durkheim na determinação das sociopatias — recorde-se a distinção entre o "normal" e o "patológico", registrada n'*As regras do método sociológico*.

79. Nos primeiros parágrafos do livro I de *Da divisão do trabalho social* há uma precisa conceituação do termo (Durkheim, 1973: 325).

pleta a elaboração durkheimiana: a coesão social no mundo contemporâneo (na sociedade burguesa) garantir-se-ia com as relações indivíduos/Estado mediadas por grupos profissionais; mas esta mediação, diretamente política, aparece derivada da relevância coesiva da moral: a utopia corporativa de Durkheim não tem outro móvel que o de constelar "as forças morais que, sozinhas", poderão realizar um "novo direito" (Durkheim, 1973: 323)[80].

A conseqüência é que a programática decorrente destas concepções, apresentando fortes continuidades com a terapia comteana (visíveis, por exemplo, na saliência atribuída às funções institucionais da educação — cf. Durkheim, 1984), desborda amplamente os limites originais da proposta da "reorganização espiritual", cuja resultante não poderia deixar de ser a construção de uma nova mística. Comparado ao positivismo de Comte, o pensamento durkheimiano é uma inflexão laica: a intervenção que sugere é parametrada pela consideração "científica" da moral e dirigida para incidir no terreno da interação entre grupos secundários (profissionais) e estrutura política inclusiva (Estado), com o "público" recebendo uma entificação ética própria.

Inconteste nos passos comteano e durkheimiano, a psicologização das relações sociais, sob a forma da moralização da "questão social", registra-se muito diferencialmente. No primeiro, colada a um evidente misticismo, orienta-se para a modelagem de um universo onde os conflitos se resolvem com a pura assunção, por parte dos protagonistas, da sua condição — donde a qualificação positiva da *resignação*. No segundo, a elaboração teórica soluciona a objetividade dos conflitos pela via da construção de mecanismos de controle social que os reconhecem (aos conflitos) como tais, propondo um *tertium datur*: a intervenção sobre eles com o erguimento de normas coesivas que liguem organicamente o "público" e o "privado" — donde a qualificação positiva da *ação social*.

Está claro que este componente teórico-cultural não é completamente adequado para respaldar as modalidades políticas da interven-

---

80. Parece desnecessário assinalar que Durkheim não reduzia a "questão social à moral (uma síntese das suas idéias reformistas é oferecida por Giddens, 1984); mas é preciso destacar que, na sua ótica, a questão moral era o *ponto de partida* para qualquer reforma com pretensão de êxito (o que é explicitado nas suas críticas aos socialistas; cf. Durkheim, 1971).

ção estatal na idade do monopólio. Porém, é sobre ele, tanto nos seus aspectos metodológicos decisivos (o *estilo de pensar* que o funda) quanto, nomeadamente, no processo de psicologização do social, que se constituirá o caldo de cultura que, ressituando o *ethos* individualista, dará consistência ideal àquelas modalidades, *porque é sobre a psicologização das relações sociais que avançará a auto-representação da sociedade burguesa no estágio imperialista*[81]. Este avanço — que recuperará muito mais de Durkheim do que de Comte — tenderá a cristalizar-se numa configuração definitiva quando o monopólio consolidar-se plenamente, entre as duas guerras mundiais, conformando a auto-representação burguesa do "período clássico" do imperialismo em duas grandes linhas: a inteira *moralização* das teorias sociais abrangentes e a *individualização* das refrações da "questão social". A primeira aparece conclusa em Parsons — está inequivocamente demonstrada, na sua reflexão, a equiparação de socialidade com dimensão moral (Gouldner, 1973: 229-264); na segunda, comparecem as incidências dos estudos que insulam a "personalidade" da rede concreta das relações sociais (boa parte da psicologia desenvolvida sobre bases idealistas, bem como muitos desdobramentos irracionalistas da abordagem psicanalítica) e as elaborações funcionalistas sobre as sociopatias da "sociedade industrial".

A passagem da *moralização da sociedade à individualização dos problemas sociais* é um processo que enlaça, como se verifica, componentes teórico-culturais e tendências econômico-sociais próprias da gestação e da consolidação da ordem monopólica. Fornecendo tanto referências ideais quanto instrumentos operativos[82] para implementar sob as óticas "pública" e "privada" a intervenção sobre as refrações da "questão social", a conexão nela estabelecida coloca, no patamar compatível com a dinâmica econômico-social e política da idade do monopólio, a alternativa de atacá-las em dois planos — o das *reformas* que o desenvolvimento capitalista situa como possíveis e necessárias no in-

---

81. A mitologia absoluta do fascismo, este fenômeno próprio da idade do monopólio, resulta igualmente do entrecruzamento de naturalização da sociedade e psicologização do ser social; a propósito, cf. Lukács (1968: 519 e ss.).

82. As referências ideais plasmam-se nas teorias sociais sistemáticas e abrangentes da sociedade burguesa consolidada e madura. Os instrumentos operativos — nem sempre organicamente articuláveis a estas teorias — concretizam-se no aparato técnico que otimiza a manipulação psicossocial.

terior dos seus quadros e o das *induções comportamentais* sobre os sujeitos cuja condição permanece refratária a elas. Nos dois planos, é a questão da *ordem* que constitui o eixo das intervenções: no primeiro, a rearticulação de vetores econômico-sociais e políticos que sejam funcionais à lógica monopólica; no segundo, o controle dos sujeitos que escapam à sua órbita. De um lado, o traço "público" da "questão social", que conduz à *regulação* de mecanismos econômico-sociais e políticos; doutro, o traço "privado", que conduz ao *disciplinamento psicossocial* dos indivíduos excluídos do circuito integrativo a que a regulação se propõe. Entre o "público" e o "privado", os problemas sociais recebem a intervenção estatal: de uma parte, a *direção estratégica* do processo econômico-social e político; de outra, a *rede institucional* de "serviços" que incide sobre as "personalidades" que se revelam colidentes, porque vítimas, com aquela.

O trajeto que leva de Comte e Durkheim ao saber social compatível com a ordem monopólica é indiscutivelmente longo e acidentado. Mas é do acúmulo daqueles pontos de arranque que a ordem monopólica extraiu os nódulos do sistema teórico-cultural que sanciona, no discurso "científico", os seus mecanismos de reprodução; afinal, a complementaridade das perspectivas "pública" e "privada" se vê caucionada quando a teoria abre o caminho para converter a persistência dos problemas sociais em "disfunções" centradas na maior ou menor adequação dos indivíduos em desempenhar os seus "papéis". E daí a possibilidade objetiva que escapava ao antiindividualismo dos codificadores da tradição conservadora "clássica", mas que estava dada na psicologização do social: se a moralização preside a concepção geral do processo social, na apreciação dos seus nós e estrangulamentos, o que entra em cena é a colisão com as normas da coesão social — os "desviantes" sofrem não só com um estigma moral: devem ser "reintegrados". O "tratamento" dos afetados pelas refrações da "questão social" como individualidades sociopáticas funda instituições específicas — o que ocorre é a conversão dos problemas sociais em *patologias sociais*.

Esta conversão é outro liame a complementar as políticas sociais do Estado burguês no capitalismo monopolista em suas perspectivas "pública" e "privada". Entretanto, como toda a dinâmica do processo social, ela não opera senão nos espaços das lutas de classes, com seus sujeitos histórico-sociais em movimentos concretos.

1.3. Os projetos decisivos dos protagonistas histórico-sociais

Os complexos processos que a nossa argumentação vem roçando foram tratados, até agora, como uma dinâmica cujos sujeitos sóciopolíticos parecem desimportantes, posto que só mencionados lateralmente. A esta altura, cabe salientá-los — porque o erguimento da sociedade burguesa madura e consolidada, assentada na ordem monopólica, não é um processo sem protagonistas. A sua história não é um puro desenrolar de requisições econômico-sociais que convocam respostas automaticamente necessárias; como em toda a história da sociedade, nesta também "nada acontece sem intenção consciente, sem meta desejada" (Engels, in Marx-Engels, 1983: 476[83]). Vale dizer: a história que está sendo o objeto da nossa reflexão foi *construída* por protagonistas histórico-sociais, que no seu decurso se confrontaram com projeções e estratégias próprias e diferenciadas.

Se, até este ponto da nossa argumentação, o que atraiu o nosso olhar foi a estrutura particular da economia do monopólio (e, em seguida, vetores teórico-culturais que de alguma forma se viram a ela conectados), isto não significa que concedamos algo ao viés economicista na operação analítica[84]. Significa, tão-somente, que considera-

---

83. Eis a passagem mais ampla na qual comparece esta determinação: "Na história da sociedade [...], os agentes são exclusivamente homens dotados de consciência, que atuam com reflexão ou paixão, buscando fins determinados; nada acontece sem intenção consciente, sem meta dirigida. [...] Os objetivos das ações são produtos da vontade, mas os resultados, que realmente decorrem das ações, não são voluntários ou, então, quando parecem mesmo corresponder inicialmente aos objetivos da vontade, eles acabam tendo conseqüências bem outras do que as pretendidas" (Engels, loc. cit). Também para a argumentação que se segue, valemo-nos da pontuação marxiana "Os homens fazem a sua própria história, mas não a fazem como querem; não a fazem sob circunstâncias de sua escolha e sim sob aquelas com que se defrontam diretamente, legadas e transmitidas pelo passado" (Marx, 1969: 17).

84. O economicismo, contrafação que tanto afeta certas versões vulgares do pensamento de Marx quanto vertentes do pensamento conservador, consiste, na nossa interpretação, na hipostasia abstrata das causalidades postas pelas estruturas econômicas (isto é: em fazer do econômico um fator privilegiado), retirando do ordenamento societário as concretas mediações que são instauradas pela *intervenção política* dos protagonistas histórico-sociais; no limite, o economicismo retira das instâncias políticas qualquer *autonomia* e assevera que a ordem social é um epifenômeno das constelações econômicas.

Não menos equivocada é a reação de sinal contrário, o *politicismo*, que responde à unilateralidade economicista rejeitando as efetivas relações causais existentes entre estruturas

mos ser metodologicamente mais correto partir das conexões societárias emergentes do ordenamento econômico para equacionar os movimentos mais decisivos da conformação social macroscópica que sobre ele se ergue — mas trabalhando sempre com o suposto de que a estrutura econômica, constituindo um dado ontologicamente primário, insere-se numa totalidade histórico-social cuja unidade não elide a existência de níveis e instâncias diferentes e com legalidades específicas; e mais: que, no interior desta totalidade, a rede multívoca e contraditória de mediações concretas que organiza a interação social abre um *leque de possibilidades* para a conformação social macroscópica. Nesta angulação, a lógica monopólica da sociedade burguesa madura e consolidada não se desenvolve como um qualquer "fator determinante" — configura, antes, um processo totalizante e contraditório cujos desfechos particulares e transitórios expressam as exigências econômico-sociais do desenvolvimento capitalista, assim como algumas de suas referências ideais, *mas se creditam concretamente às relações de forças políticas e aos projetos específicos das classes e franjas de classes em presença*. A saliência que agora se deve conferir a estes últimos componentes — na perspectiva de que, na sociedade burguesa, os sujeitos sociais mais significativos são as *classes*[85] —, portanto, não é uma determinação *externa* daquela lógica: é a sua remissão aos seus núcleos dinâmicos essenciais[86].

---

econômicas e ordenamentos societários, concluindo pela *independência* das instâncias políticas; aí, sustenta-se que uma dada estrutura econômica pode compatibilizar-se com *n* ordenamentos societários.

Nos dois vieses, o que ocorre é justamente a liquidação das concretas *mediações* que articulam estruturas econômicas e ordenamentos societários, na conformação de uma *totalidade histórico-social* que os inclui, mediações viabilizadas por aquela que, com efeito, é "a típica via da positividade humana: a política" (Cerroni, 1972: 39).

85. Damos por suposta a fundamentação teórica desta perspectiva na obra marxiana, considerando, pois, inteiramente equivocadas as leituras da história (da sociedade burguesa) que visualizam como *carente de sujeitos*.

86. A dimensão teórica do que grosseiramente podemos denominar de "internalidade" das classes à lógica do capital foi elaborada por inúmeros estudiosos; recomendamos apenas Rosdolsky (1986) e Giovani (1976).

Poder-se-ia apontar vários índices deste enlace interno entre movimento de classe e sua incidência estritamente econômica, que comprovam sobejamente que a lógica do desenvolvimento capitalista está dinamizada e saturada pelo movimento das classes. Registre-se apenas um: a correlação entre movimentação grevista da classe operária e progresso tecnológico na produção — "Na Inglaterra, as greves regularmente deram lugar à invenção e à aplicação de algumas máquinas novas. As máquinas eram, pode-se dizê-lo, a arma que os capitalistas empre-

Tal remissão, neste espaço, não pode ser elaborada à moda de uma história da constituição e do desenvolvimento das classes na sociedade burguesa — constituição e desenvolvimento que, como sabemos, é um processo em que os protagonistas se produzem e se reproduzem *reciprocamente*[87]. Ainda que levemos em conta o acúmulo historiográfico, crítico e analítico que já se obteve neste terreno da investigação[88], o que interessa é remarcar a emersão dos *projetos político-sociais* decisivos que balizaram os confrontos e os movimentos daqueles protagonistas que acabaram por conformar o curso do desenvolvimento da sociedade burguesa no período "clássico" do imperialismo.

A transição do capitalismo concorrencial à idade do monopólio concretizou três fenômenos que, embora deitando raízes genéticas no bojo do período "liberal" do capitalismo, só ganharam gravitação evidente no marco do novo estágio: o proletariado constituído como *classe para si*, a burguesia operando *estrategicamente como agente social conservador* e o *peso específico* das classes e camadas intermediárias. Pontuar estes fenômenos, no modo em que se apresentam no fim do século XIX e nos primeiros anos do século XX, é um passo fundamental para apanhar a peculiaridade dos protagonistas histórico-sociais e seus projetos político-sociais na afirmação do capitalismo monopolista.

---

gavam para abater o trabalho especial em revolta. A *self-acting mule*, a maior invenção da indústria moderna, colocou fora de combate os fiandeiros revoltados. [...] As coalizões e greves [...] sempre exerceram uma imensa influência sobre o desenvolvimento da indústria" (Marx, 1985: 154). Para a mesma e outras correlações, mas postas no capitalismo mais desenvolvido, cf. especialmente Gorz (1968) e Braverman (1987).

87. A determinação teórico-crítica fundamental para compreender este processo está em Marx (1983, I, 2: 156): "O próprio trabalhador produz [...] constantemente a riqueza objetiva como capital, como poder estranho, que o domina e explora, e o capitalismo produz de forma igualmente contínua a força de trabalho como fonte subjetiva da riqueza, separada de seus próprios meios de objetivação e realização, abstrata, existente na mera corporalidade do trabalhador, numa só palavra, o trabalhador como trabalhador assalariado". Ou, em formulação conclusiva: "O processo de produção capitalista, considerado como um todo articulado ou como processo de reprodução, produz por conseguinte não apenas a mercadoria, não apenas a mais-valia; mas produz e reproduz a própria relação capital, de um lado o capitalista, do outro o trabalhador assalariado" (idem, p. 161).

88. Além das fontes citadas na nota 41, cf. especialmente Cole (1956), Parias, org. (1965), Huberman (1968), Claudín (1975), Gustafsson (1975), Hobsbawm (1982), Hobsbawm, org. (1979, 1982a, 1984) e Thompson (1987). A mais documentada e minuciosa das obras a que recorremos sobre esta temática — ainda que viciada pelo típico ideologismo das publicações do marxismo oficial — foi o trabalho coletivo dirigido por Cherniaev (1982).

Em plano histórico-universal, as condições para a assunção do proletariado como *classe para si*[89] se configuram com os embates de 1848[90]. As amargas derrotas sofridas pela classe operária (e, de fato, pelo conjunto dos trabalhadores), a que se seguiu pelo menos uma década de refluxo do seu movimento em escala euro-continental, destruindo todo um acervo de ilusões em relação quer às possibilidades da revolução segundo a tradição blanquista, quer aos arcos de aliança então viáveis — tais derrotas constituíram o material histórico a partir do qual, prática e politicamente, o proletariado começa a construir a sua *identidade* como protagonista histórico-social consciente. É nos anos sessenta que o refluxo mencionado se vê revertido — como o indica a fundação da *Associação Internacional dos Trabalhadores*[91]. Inicia-se então um largo processo, que só estará consolidado às vésperas da Primeira Guerra Mundial, pelo qual a classe operária urbana vai elaborar os seus dois principais instrumentos de intervenção sócio-política, o *sindicato* e o *partido proletário*.

De fato, este processo aparece balizado não pela criação da AIT (cujas fraturas internas, como se sabe, conduziram à sua dissolução cerca de sete anos depois da sua criação[92]), mas especialmente pela histórica e dramática experiência da Comuna de Paris (Marx, 1968; Lefebvre, 1964). É a partir dela, com o deslocamento do eixo do movimento operário revolucionário para a Alemanha, que se operará a configuração daqueles instrumentos de intervenção sócio-política — evidentemente recuperando as experiências proletárias anteriores nos dois níveis, o sindical e o partidário, ambos de alguma maneira contidos no patrimônio inglês do cartismo (Dolléans, s.d.). Até o final da primeira década do século XX, tal configuração estará definida nos dois níveis.

O mero fato de esta definição realizar-se com uma óbvia sincronia, quer se trate da formação do moderno movimento sindical, quer se tra-

---

89. A tematização de *classe em si* e *classe para si* está em Marx (1985: 159). Para desenvolvimentos amplos, cf. Lukács (1974); para a sua análise na tradição marxista, cf. Weber (1977).

90. Fontes indispensáveis para estudar o processo revolucionário de 1848, com suficientes indicações bibliográficas, são Duveau (1965), Claudín (1975) e Sigmann (1985).

91. Além das informações contidas nas fontes citadas nas notas 41 e 88, sobre a Primeira Internacional é de consultar a referência dos capítulos XI, XIII e XIV de Mehring (1960).

92. Embora a dissolução formal só tenha tido lugar em 1876 (na Conferência de Filadélfia), desde 1872 a AIT deixou de funcionar efetivamente, com a transferência do seu Conselho Geral para Nova Iorque (determinada pelo Congresso de Haia).

te da constituição do moderno partido político operário — e recorde-se que, para Cerroni (1982), este é a matriz do moderno partido político *tout court* —, indica uma dinâmica extremamente significativa[93]. Seus pólos devem ser localizados em dois fenômenos distintos, um econômico-social e outro histórico-político: a degradação do nível de vida das grandes massas, no período, e a ponderação que as propostas oriundas do pensamento de Marx ganham então[94].

De uma parte, uma *conjuntura de crise* marca a transição ao capitalismo dos monopólios[95]: ela se estende nitidamente de 1873 a 1896, com picos flagrantes em 1877, 1884-1887, 1890 e 1893; a tendência depressiva parece infletir-se a partir de 1896, mas retorna em 1900, 1903 e 1907; "em 1913-1914, uma nova crise já se anunciava, mas a guerra abortou-a" (Bédarida, in Parias, org., 1965, III: 305). Mesmo

---

93. Observe-se a sincronia mencionada: *formação de partidos políticos operários socialistas* — Alemanha, 1875; Bélgica; 1878; Espanha, 1879; Itália, 1880; Suíça, 1887; Áustria, 1888; Holanda, 1894; Suécia, 1895; Rússia, 1898; França, 1905; nos Estados Unidos, em 1887, constituiu-se um *Socialistic Labour Party*; na Inglaterra, a partir de 1906 o Partido Trabalhista tem forte presença parlamentar; *formação de centrais sindicais confederadas* — Inglaterra, 1868 (*Trade Union Congress*); Espanha, 1888 e 1911 (*Unión General de Trabajadores* e *Confederación Nacional del Trabajo*); França, 1895 (*Confédération Generale du Travail*); Estados Unidos, 1896 (*American Federation of Labour*); Suécia e Dinamarca, 1898. Recorde-se, ainda, deste período, a constituição, em 1889, da *Segunda Internacional* e, em 1900, da *Internacional Sindical*. Sobre ambos os movimentos, o partidário e o sindical, cf. a síntese oferecida por Bédarida, in Parias, org. (1965, III: 447 e ss.); quanto à Segunda Internacional, cf. especialmente Haupt (1973), Joll (1976) e Kriegel (1986).

94. Um estudioso, cuja atenção está mais voltada para este último aspecto, observa a concorrência de ambos os fenômenos: "Diversos foram, na Europa, os tempos da industrialização; diversos os ritmos e as características em que ela se verificou em cada país. Apesar dessas diferenças, contudo, o processo de formação dos partidos social-democráticos se concentrou substancialmente nos aproximadamente quinze anos que vieram da metade dos anos 70 ao final dos anos 80. As motivações objetivas do processo foram, certamente, gerais, na medida em que ele se realizou em meio a uma profunda depressão econômica que golpeou entre 1873 e 1896 toda a economia mundial: as formas anteriores do movimento operário, associações culturais, sociedades de socorro mútuo, corporações sindicais e toda uma riquíssima variedade de núcleos associativos que reunia os trabalhadores das novas indústrias junto com os trabalhadores das velhas manufaturas foram impelidas em direção a formas de unificação, seja pela formação dos Estados nacionais, seja pelo desenvolvimento industrial, seja, finalmente, pela piora geral das condições de vida e de trabalho em toda a Europa" (Andreucci, in Hobsbawm, org., 1982b: 26).

95. Um resumo, contendo dados quantitativos relevantes, desta conjuntura crítica é apresentado por Bédarida, in Parias, org. (1965, III: 301-305).

que rebatendo diversamente nos vários países, duas das resultantes desta conjuntura são mais ou menos gerais: redução dos postos de trabalho, com desemprego massivo; aviltamento do salário real, acentuando a fome e a miséria[96]. A resposta do movimento operário não vem apenas na forma de grandes greves e mobilizações (recordem-se, como marcos: a greve de 1878, na Inglaterra; as mobilizações operárias de 1886, em Chicago; a greve de 1890, na Alemanha; a revolução russa de 1905); vem plasmada no auge associativo-sindical já mencionado: trata-se de um movimento sindical que responde menos à crise que ao *caráter novo* tanto da emergente organização monopólica do capitalismo — que se engendra também na estratégia burguesa de atenuar as formas tradicionais da crise — quanto da própria classe operária — já basicamente urbanizada e vinculada aos setores dinâmicos da "segunda revolução industrial".

De outra parte, e em clara conexão com este pano de fundo, incide vigorosamente sobre o movimento operário (e sua dimensão sindical) o vetor revolucionário vinculado ao pensamento de Marx. Parece não haver dúvidas de que é neste período que esta influência penetra os segmentos mais avançados e os setores mais representativos do movimento operário, que passam a identificar-se político-partidariamente como social-democratas[97]. Mas penetra-os não como teoria social: dominantemente, apresenta-se como um sistema — vulgarizado aliás pela sua difusão didática — de referência anticapitalista, o "marxismo", fortemente contaminado por vieses positivistas[98]. Se este elemento revelar-se-ia profundamente castrador do conteúdo revolucionário do pensamento de Marx, propiciando, no processo mesmo de sua inserção na dinâmica do movimento operário, a contratação reformista do revisionismo de que Bernstein se fez a figura mais conhecida, é inegável que

---

96. Para análises quantitativas e qualitativas das incidências desta conjuntura de crise, bem como da resposta dos segmentos trabalhadores, cf. especialmente Bédarida, in Parias, org. (1965, III: 301-305, 379 e ss.) e Hobsbawm (1987: 273 e ss.).

97. Sobre esta penetração, cf. especialmente os ensaios de Andreucci, Hobsbawm e Waldenberg, in Hobsbawm, org. (1982b) e Vranicki (1973, I, parte segunda). Está claro que esta penetração — em larguíssima escala operada a partir da influência internacional do partido social-democrata alemão e da sua gravitação no seio da Segunda Internacional — não eliminou, no movimento operário europeu, o influxo de vetores ideológicos distintos — notadamente os reformistas, de cariz proudhoniano. E, como se verá em seguida, ela não se expressou como incorporação plenamente revolucionária da teoria social de Marx.

98. Não é pertinente, aqui, a crítica ao chamado "marxismo da Segunda Internacional"; para indicações elementares acerca do seu conteúdo, cf. Netto (1981).

ele cumpriu uma dupla tarefa no âmbito dos instrumentos de intervenção do proletariado: de um lado, ofereceu-lhe uma referência ideal para a organização política — o partido que reivindica a supressão da ordem burguesa, que reclama a ruptura revolucionária na direção do comunismo; de outro, forneceu-lhe um caldo cultural capaz de integrar as suas agências de corte sindicalista na perspectiva das lutas de classes[99].

É esse proletariado em rápido processo de organização sindical e político-partidária (com estes dois níveis freqüentemente se entrecruzando e confundindo) que protagoniza o cenário da sociedade burguesa entre a Comuna de Paris e a Primeira Guerra Mundial[100]. A impossibilidade de neutralizar as suas intervenções classistas sócio-políticas tão-somente pela via dos mecanismos coercitivos e repressivos tornara-se evidente com a experiência de Bismarck[101]. Justamente as lutas que, mercê desta organização em dois níveis, a classe operária pôde conduzir compeliram as frações burguesas mais dinâmicas e/ou o sistema estatal a serviço da burguesia (ou envolvido em projetos de desenvolvimento capitalista) a significativas concessões — precisamente aquelas que sinalizam uma inflexão na estratégia da dominação burguesa e que são compatíveis com o emergente ordenamento monopo-

---

99. Em relação à Alemanha, esta dimensão *integradora* do marxismo do partido social-democrata (e da Segunda Internacional) foi originalmente tematizada por Abendroth (1973: 28-54).

100. As cifras que atestam a velocidade e a intensidade deste processo são abundantes na bibliografia pertinente — e que já citamos. Mas exemplos eloqüentes (extraídos de Bédarida, loc. cit.) devem ser invocados:

a) o crescimento do partido social-democrata alemão, emergente do Congresso de Gotha (1875): 500.000 votos em 1877, 1.500.000 em 1890, 3.000.000 em 1903, 4.250.000 em 1912;

b) o número de trabalhadores sindicalizados: na França, 400.000 em 1893, 750.000 em 1905, 1.025.000 em 1913; na Grã-Bretanha, 1.600.000 em 1892, 2.000.000 em 1905, 3.000.000 em 1911 e mais de 4.000.000 em 1913.

Há duas observações importantes sobre este processo. A primeira é de ordem geral: o crescimento rápido da organização sindical é muito assimétrico, em cada país, se se levam em conta as categorias profissionais; no início do século, na França, o nível de sindicalização "é alto entre os mineiros, cerca de 51%, e entre os trabalhadores das indústrias químicas, cerca de 25%, e muito baixo entre os operários têxteis (5%) e menor ainda na agricultura (1%)" (Bédarida, loc. cit, p. 453). A segunda diz respeito à Grã-Bretanha: aí, o desenvolvimento do movimento sindical não é acompanhado pelo desenvolvimento de um movimento socialista proletário (Gustafsson, 1975: 190 e ss.).

101. Precisamente sob o coturno prussiano de Bismarck, a legislação repressiva contra o movimento operário (1878-1890) revelou-se inepta; sobre este ponto, cf. a célebre "Introdução" (1895) engelsiana à obra de Marx, *As lutas de classes na França (1848-1850)*, in Engels (1981: 207-226).

lista. Trata-se, aqui, das conquistas proletárias que aparecem como os primeiros esboços de política social pública — e não é casual que eles sejam contemporâneos desta dupla organização da classe operária[102]. É exatamente porque, ao ingressar a sociedade burguesa na idade do monopólio, o projeto político-social do proletariado euro-ocidental se encontra nitidamente perfilado: é um *projeto anticapitalista*, referenciado por uma *prospecção socialista* e uma *prática sindical classista*. Confrontando-se com este protagonista, as frações burguesas mais dinâmicas vêem-se obrigadas a respostas que transcendem largamente o âmbito da pura coerção, conformando mecanismos que contemplam eixos de participação cívico-política[103] —, é deste confronto que, enfim, resultarão os parâmetros de convivência democrática que se estabilizou em boa parte das sociedades capitalistas desenvolvidas: nelas, o princípio democrático confundiu-se com as demandas dos trabalhadores.

É o protagonismo proletário, assim, que, na configuração da idade do monopólio, põe a resolução da "questão social" como variável das lutas direcionadas à ultrapassagem da sociedade burguesa. Mas não se trata, somente, da *politização* da "questão social", num andamento antípoda a qualquer visão conservadora ou reacionária: trata-se de visualizar a sua solução como *processo revolucionário*. Isto é: a "questão social" é colocada no seu terreno específico, o do *antagonismo* entre o capital e o trabalho, nos confrontos entre seus representantes; é colocada, porém, como objeto de intervenção revolucionária por agentes que se *auto-organizam* preocupados com a consciência dos fins e a ciência dos meios. Temos, pois, um inteiro redimensionamento históri-

---

102. Datam deste período as regulamentações das condições de trabalho — quanto à duração da jornada, descanso semanal, contratação de menores, condições específicas do trabalho noturno e insalubre e licença para as mulheres grávidas; cf. Bédarida, in Parias, org. (1965, III: 453 e ss.). Seguros sociais referentes a doenças e acidentes começam a funcionar na Áustria (1888), Noruega (1894), Itália (1898) e França (1901); na Inglaterra, eles só se institucionalizam em 1911 (*National Insurance Act*); somente a partir de 1909 a idéia de um salário mínimo legal começa a ter vigência no continente.

Não é, também, um simples acaso que boa parte dessas protoformas de políticas sociais públicas tenha surgido na Alemanha (seguro doença, 1883; de acidentes de trabalho, 1884; de incapacidade por acidente de trabalho e por velhice, 1889) — eram a contraface das "leis anti-socialistas", quer atestando a sua inépcia em face do movimento operário, quer a sua intenção de "vincular os operários ao regime imperial" (Bédarida, loc cit., p. 435).

103. As conquistas alcançadas com o processo de organização e luta a que aludimos espraiam-se para além do universo proletário e tornam-se patrimônio cívico — pense-se, por exemplo, na reformulação dos sistemas de educação e na extensão do direito de voto.

co-social da própria "questão social" na emersão do ordenamento monopólico.

É um tal protagonismo que condiciona elementarmente o protagonismo burguês na entrada do estágio imperialista. Redefinido também desde os eventos de 1848, ele não se defronta mais com formas de luta carbonárias, diante das quais a borduna policialesca mostrava-se eficiente; agora, tem de enfrentar *lutas políticas de massas*, perpassadas por um projeto político-social que trava combates pela *direção* da sociedade. A borduna não será, jamais, completamente abandonada, mas cede o proscênio para respostas que tendem a ser senão ao preço da sua eficácia, igualmente políticas de massas — o protagonismo burguês tem desenvolvido o seu componente de direção e hegemonia. Cumpre-lhe articular o projeto político-social que seja concorrente ao de seu adversário e, simultaneamente, que atenda às exigências da nova dinâmica econômica.

Um tal projeto não pode deixar de ser *conservador*, dada a condição mesma da burguesia. Entretanto, quer em face das peculiaridades da ordem monopólica, quer do movimento operário, a projeção burguesa do pós-1848 já não basta: há que desenvolver uma estratégia que combine conservantismo e reformismo integrador. Ora, as condições que propiciaram o amadurecimento do proletariado e a sua assunção como *classe para si* também contam para a burguesia. Se, para o seu projeto, ela pode recorrer ao caldo cultural que já sumariamos (cf. seção 1.2), igualmente ela dispõe de reservas de forças para articular *novas* respostas ao redimensionamento da "questão social".

Dispõe, em primeiro lugar, da sua própria diferenciação, resultante seja da sua reprodução como elite política, seja da sua inserção no comando do sistema produtivo. O desenvolvimento das forças produtivas não tornou mais complexa apenas a classe operária[104]; também afetou em cheio o universo burguês[105]: tanto introduziu novas polariza-

---

104. Fizemos menção, atrás, tão-somente ao fato de a classe operária, neste período, aparecer como urbanizada e vinculada aos setores mais dinâmicos da "segunda revolução industrial". No entanto, sua diferenciação — se a tomamos entre 1830/1848 e 1870/1890 — é brutal: ela muda quanto à composição categorial (sexo, faixa etária), nível de escolaridade e, muito especialmente, padrões culturais e associativos, diretamente conectados às exigências das grandes unidades produtivas e à crescente divisão de trabalho no seu interior. Para uma síntese destas mutações, cf. principalmente Bédarida (loc. cit., pp. 377-430).

105. Para as modificações aí ocorrentes, vale recorrer à súmula oferecida por Fohlen, in Parias, org. (1965, III: 145-243).

ções (das quais a mais óbvia é o corte entre monopolistas e não-monopolistas) e novas hierarquias (pense-se na proeminência dos segmentos financeiros) no seu marco quanto permitiu-lhe, com o seu divórcio da gestão imediata dos empreendimentos (através do recurso a quadros administrativos especializados), liberar-se para a intervenção nos aparatos públicos — donde, na política burguesa, a coexistência de quadros políticos profissionais exclusivos e quadros na dupla condição de políticos profissionais *e* empresários. Em segundo lugar, com a ordem monopólica implicando quer um novo relacionamento com as instâncias estatais, quer um novo tipo de integração supranacional das frações burguesas (cf. seção 1.1), graças à própria internacionalização do capital, a burguesia passa a dispor de uma experiência e uma consciência políticas abrangentes, que possibilitam macroestratégias. Enfim, ela pode mobilizar, para o seu projeto, a diferenciação que penetra o movimento operário (como veremos adiante) e a crescente complexidade da mesma estrutura social engendrada pelo ordenamento monopólico (a que adiante também aludiremos).

Com estes recursos — além, naturalmente, do seu enorme potencial de corrupção e cooptação, que radica no seu poderio econômico e na sua supremacia ideológica —, ela pode formular um projeto alternativo e concorrente ao do proletariado, cujo conteúdo conservador se explicita ao abordar a "questão social", tal como se põe na emersão do monopólio, com um enfoque *despolitizador*. Todo o empenho burguês consiste em *deslocar* a "questão social" do campo da política — em privá-la de uma contextualização classista (donde a retórica da "harmonia" entre capital e trabalho), em torná-la indene de projeções assumidamente políticas (donde a recusa da "ideologização"). O escamoteamento da dimensão política medular da "questão social" constitui o cerne da política burguesa que a quer enfrentar na idade do monopólio. É dela que derivam as formas típicas, e complementares, da estratégia político-social da burguesia: a *despolitização* surge no tratamento da "questão social" como objeto de *administração técnica* e/ou campo de *terapia comportamental* — e aqui se reconhecem as perspectivas "pública" e "privada" que já tematizamos (cf. seção 1.2)[106]. Em qualquer destas formas, estão garantidas, para a

---

106. A despolitização em tela não diz respeito apenas ao projeto burguês *para a sociedade* — é uma estratégia *global* que se implementa em *todos* os espaços em que a dominação burguesa se exerce. No marco das unidades de produção, por exemplo, esta estratégia aparece

projeção burguesa, as condições da sua reprodução como classe dominante e dirigente, posto que elidam, à partida, a questão da *historicidade* da organização societária: o marco da socialidade burguesa é susceptível de *mudanças*, mas no seu âmbito e interior[107]. Com elas, o projeto burguês combina organicamente conservantismo e reformismo: de uma parte, as estruturas nucleares da sociedade burguesa são declaradas o ponto final do processo histórico — com o que se replica à "utopia" comunista; de outra, são reconhecidas como passíveis de aperfeiçoamento — com o que se contesta às demandas proletárias e populares. O *reformismo para conservar* é entronizado como estratégia de classe da burguesia — e nunca sem tensões intraclasse — no capitalismo dos monopólios.

É desnecessário qualquer excurso para indicar que esta inflexão no projeto burguês (inflexão patente, se comparado às proposições burguesas de meados do século XIX) resulta da sua contraposição ao protagonismo operário na passagem do capitalismo concorrencial ao imperialismo. No entanto, ela é mais que isso: incorpora demandas dinâmicas das forças produtivas, assimila elementos do processo teórico-cultural de todo o século XIX e, principalmente, captura muito do que advém, na mesma transição ao ordenamento monopólico, do peso específico que vão adquirindo as camadas sociais intermediárias.

Efetivamente, o conjunto de processos econômico-sociais que marca o ingresso do capitalismo no estágio imperialista engendra uma complexificação na estrutura social que progressivamente confere uma ponderação peculiar às mal chamadas "classes médias", camadas e categorias entre a burguesia e o proletariado. Se, em meados do século

---

com nitidez na chamada "gerência científica" — e não é um puro azar que Taylor desenvolva suas idéias e práticas justamente nos anos de emersão do imperialismo. A "gerência científica" tipifica modelarmente a mencionada despolitização na sua evolução pós-Taylor: o que tange aos aspectos "técnicos" cabe à engenharia e ao projeto de trabalho, enquanto o que se refere à "terapia comportamental" é remetido aos departamentos de pessoal, à sociologia e à psicologia industriais. Para um exame cuidadoso da "gerência científica", cf. Braverman (1987).

107. Não se trata, pois, de uma pura negação das dimensões históricas constitutivas da sociedade — apenas, com a elisão da possibilidade histórica de uma revolução *atual*, elas são remetidas para o *passado*: houve história, já não há. Como Lukács o percebeu em certo passo de *História e consciência de classe*: "O cerne não-histórico, anti-histórico, do pensamento burguês surge em seu aspecto mais patente quando examinamos o problema do presente como problema histórico".

XIX, estas camadas já eram significativas em alguns países europeus (evoque-se, por exemplo, a análise da estrutura de classes francesa realizada por Marx n' *O dezoito brumário de Luís Bonaparte*), no seu ocaso possuíam uma gravitação ainda mais expressiva. E — fenômeno mais relevante — já não remetiam a estratos sociais típicos de etapas anteriores do desenvolvimento capitalista: ao contrário, começam a prefigurar grupos e agregados *próprios ao novo estágio de desenvolvimento* — e que viriam a florescer com o período "clássico" do imperialismo: profissionais "liberais", intelectuais, técnicos especializados etc.[108]. O futuro se encarregaria, mercê de um assalariamento irrecorrível, de aproximá-los, em sua grossa maioria, do eixo da massa trabalhadora. No período histórico que estamos examinando, contudo, estes segmentos se revelam *in statu nascendi* e se entremesclam, pois, com os estratos "médios" do período anterior — artesãos altamente qualificados, profissionais de fato liberais, pequeno-burgueses, intelectuais desvinculados de aparatos institucional-organizacionais etc. Esta condição peculiar, compósita e transicional, faz desses agregados sociais um curioso universo ideológico, no qual se localizam propostas de "filisteus" execrados pelos revolucionários proletários, ideais anticapitalistas românticos (que serão um caldo de cultura para as ulteriores contrafações fascistas) e vetores claramente reformistas. Estes últimos merecem atenção especial, porque acabarão por ter uma função ídeo-política singular: vão resgatar a tradição do reformismo ("socialismo") burguês e adequá-la aos novos tempos.

O reformismo burguês — cujo ponto de partida pode ser rastreado entre alguns discípulos de Ricardo[109] — desenvolve-se durante todo o século XIX, adquirindo expressões muito diferenciadas ao longo do tempo e no espaço. Varia no tempo conforme o nível de maturidade e consciência políticas alcançado pela classe operária, à qual se propõe iluministicamente; varia no espaço conforme o padrão de integração político-social das "classes médias" — assim, envolve o "socialismo verdadeiro" da Alemanha pré-1848, o mutualismo proudhoniano na

---

108. Nos textos de Bédarida e Fohlen, citados nas notas 104 e 105, há dados sobre estes segmentos intermédios; eles podem ser visualizados ainda no material estatístico com que Bernstein (1975) tentou infirmar a validez do projeto revolucionário proletário; outras indicações aparecem em Braverman (1987).

109. Cf. a análise que deles — em especial, John Gray — faz Marx (1982).

França[110], os "socialistas de cátedra" alemães, alguns liberais e/ou radicais ingleses (pense-se em Stuart Mill) etc. Ora confundindo-se com o lastro das utopias anticapitalistas, ora identificando-se com lutas específicas de certas categorias profissionais e sociais (a defesa dos direitos cívicos das mulheres foi um traço bastante característico dele), o reformismo burguês tradicional haveria de submergir com o capitalismo concorrencial, que era, realmente, o seu suporte econômico-social — elementarmente, nas suas mais variadas manifestações, ele consistia em desejar "as condições de vida da sociedade moderna sem as lutas e perigos que dela necessariamente decorrem" (Marx-Engels, 1975: 96)[111]; vale dizer: o capitalismo conservado apenas "em seus lados bons"[112]. O desenvolvimento das novas formas de organização econômica, a maturação político-ideológica do proletariado e os novos parâmetros da dominação burguesa — em suma, a consolidação da sociedade burguesa — acabariam por retirar-lhe qualquer âmbito de vigência efetiva. Nas novas condições postas pela emersão do ordenamento monopólico, seu destino confirma a antecipação de 1848: "O socialismo burguês só alcança a sua expressão adequada quando passa a ser uma mera figura de retórica" (Marx-Engels, 1975: 97).

Muito de suas temáticas e características, no entanto, será incorporado por um *novo* reformismo — aquele que se gesta, na transição do capitalismo à idade do monopólio, entre os estratos "médios" a que nos referimos. Trata-se, na verdade, de uma incorporação *seletiva*: o novo reformismo vai recuperar elementos do reformismo e do socialismo burgueses tradicionais numa perspectiva diversa — vai compatibilizá-los com o perfil da ordenação societária posta pela organização monopólica. Expressará sua vontade de reforma sem os utopismos do

---

110. Recorde-se que, n'*O manifesto do partido comunista*, quando é tratado "o socialismo conservador ou burguês" (cap. III, 2), o único autor nomeado é justamente Proudhon; Sismondi aparece, em troca, como "cérebro" do "socialismo pequeno-burguês" (Marx-Engels, 1975: 96 e 90).

111. Para uma proto-história do Serviço Social, esta caracterização marx-engelsiana deve contar especialmente; veja-se a composição dos "burgueses socialistas": "[...] Economistas, filantropos, humanitários, melhoradores da situação das classes trabalhadoras, organizadores da caridade, protetores dos animais, fundadores de ligas antialcoólicas, reformadores ocasionais dos mais variados" (Marx-Engels, 1975: 96).

112. Recorde-se, a propósito, o sarcasmo marxiano, referido a Proudhon e ao pensamento socialista burguês em geral, acerca dos "lados bom e mau" dos fenômenos e processos sociais (Marx, 1985).

passado, e de modo adequado à racionalidade particular da ordem emergente. Será pragmático e colocar-se-á como demanda simultaneamente técnica e ética: proporá mudanças cuja *viabilidade* é o aval da sua *legitimidade*.

Esse novo reformismo tem elementos esparsos em toda a Europa, no período que estamos examinando. A sua cristalização exemplar, todavia, surge — e, repita-se a fórmula, não por acaso — na Inglaterra[113]: aparece na programática da Sociedade Fabiana[114]. Explicitada desde o outono de 1888, na série de conferências "Fundamentos e perspectivas de futuro do socialismo" — um ano depois reunidas em volume que ficaria famoso (Vv. Aa., 1962) —, esta programática consubstancia uma projeção "socialista" inteiramente ao gosto dos novos estratos "médios" e facilmente digerível pelo conservadorismo da burguesia monopolista. Propondo um "socialismo" que se desenvolve no interior do próprio marco burguês (ou seja: sem supor uma *ruptura* política com ele) mediante a estatização, a municipalização e a política fiscal, os fabianos estabelecem um projeto político gradualista e parlamentar-constitucional[115] e se lançam a um ambicioso esforço de divulgação e difusão das suas idéias (Gustafsson, 1975: 203 e ss.) que, graças ao prestígio de algumas de suas lideranças — como Shaw, por exemplo —, encontra significativa repercussão na opinião pública.

Esta repercussão é tanto mais favorecida quanto, no interior do próprio movimento operário socialista, surgem diferenciações de natureza sócio-econômica que, articuladas a fenômenos imbricados no processo de organização sindical e política do proletariado, jogam no sen-

---

113. Justamente na Inglaterra se apresentavam as condições de maior maturação dos estratos "médios" que constituíam a base social desse novo reformismo — bem como surge na ilha, primeiramente, a "aristocracia operária" a que aludiremos adiante.

114. A Sociedade Fabiana, que se funda em janeiro de 1884, mereceu cuidadoso exame de Gustafsson (1975), que estuda suas relações com a tradição marxista e a obra de Bernstein. Como observa aquele autor, o fabianismo "nasceu, inicialmente, como um movimento burguês de reforma, sem nenhum contato com a classe ou o movimento operário nem com o socialismo" (p. 193).

115. Cf. a argumentação de S. Webb (in Vv. Aa., 1962: 63 e 66): "Todos os conhecedores da sociedade, que não sejam prisioneiros do passado, sejam socialistas ou individualistas, estão conscientes de que as transformações orgânicas importantes só são viáveis nas seguintes condições: 1ª) têm que ser democráticas e, portanto, aceitáveis para a maioria do povo e preparadas na consciência de todos; 2ª) têm que efetivar-se gradualmente, para que não se produzam comoções, qualquer que seja o ritmo do progresso; 3ª) não podem ser vistas como imorais pela massa do povo [...]; e 4ª) têm que seguir um curso [...] constitucional e pacífico".

tido de engendrar um campo de convergência com este novo reformismo. Realmente, o novo reformismo se desenvolve paralelamente à emergência do que, na vertente interpretativa do pensamento derivado de Marx, ficaria conhecido como *revisionismo*[116]. Não é possível discutir neste lugar os condicionantes globais deste fenômeno que, se teve em Bernstein (1975) o seu expoente canônico, foi de fato algo internacional, percorrendo praticamente todas as expressões nacionais do movimento operário (Gustafsson, 1975). Cabe destacar, entretanto, que o chamado revisionismo, para além de componentes teóricos e culturais muito particulares, deve ser relacionado principalmente a dois dados factuais do período: de uma parte, o surgimento, no interior da classe operária, de um segmento diversificado, cujos interesses colidiriam com qualquer projeção revolucionária — a aristocracia operária, típico fruto da emersão do monopolismo[117]; de outra, no âmbito organizacional dos sindicatos e partidos operários, o aparecimento de uma camada de funcionários cujo desempenho de corte fundamentalmente burocrático conduzia-a a posturas conservadoras[118]. A "revisão" de Marx, capitaneada por Bernstein, vai no sentido das expectativas desses dois estratos e encontra aí um suporte social de monta, mesmo que seja prudente não reduzi-la sociologisticamente a uma derivação dela[119].

A programática "revisionista" não se identifica sumariamente com o novo reformismo burguês de que é agência privilegiada a Sociedade Fabiana — embora, na versão bernsteiniana, tenha sido elaborada sob sua influência (Gustafsson, 1975). Entretanto, é perfeitamente compatível com ele em seus principais itens estratégicos: a recusa da ruptura

---

116. O debate em torno do revisionismo, contemporâneo e posterior à sua emergência, fez correr rios de tinta, envolvendo as figuras de proa do movimento revolucionário — R. Luxemburg, K. Kautsky, Lênin et alii. Uma obra de referência obrigatória, com vasto rol de fontes, é a de Gustaffson (1975); para informações adicionais, cf. as "histórias do marxismo": Vranicki (1973), Gerratana (1972), Vv. Aa (1976-1977), Hobsbawm, org. (1979 e 1982a) e Kolakowski (1985).

117. Também é vastíssima a bibliografia marxista que tematiza a questão da aristocracia operária; para uma discussão diferenciada, cf. Weber (1977) e Hobsbawm (1987).

118. Igualmente larga é a bibliografia que trata da burocratização das formas organizacionais do movimento operário (no interior da qual o ponto de vista não-revolucionário teria expressão "clássica" em Michels, 1965); como referências elementares, cf. Abendroth (1973), Gustafsson (1975) e Weber (1977).

119. A complexidade do chamado revisionismo (cf. nota 116) demanda uma análise que não pode ser encetada aqui. Cabe, todavia, assinalar que nele se formulam problemas extremamente pertinentes, que a vulgarização do pensamento de Marx não respondia à época.

política com os marcos burgueses, o gradualismo, o pragmatismo e, muito especialmente, o evolucionismo — síntese fundamental do seu projeto político, concepção conforme a qual a transição socialista estaria inscrita inexoravelmente na lógica do desenvolvimento histórico-social (Bernstein, 1975). Essencialmente, a programática "revisionista" pode ser pensada como a face operária do novo reformismo burguês.

A efetiva convergência entre essas duas proposições parece denotar que ambas expressam e refratam um complexo de fenômenos e processos de larga duração histórica — de fato, como o desenrolar posterior da sociedade burguesa consolidada e madura haveria de mostrar, estas duas vertentes conformariam o leito por onde se desenvolveria toda a projeção do "socialismo democrático", nutriz do amplo espectro de forças sociais e políticas alinhadas com o ideário social-democrata tal como este se definiu no seguimento da fratura que, no decurso da Primeira Guerra Mundial e potenciada pela revolução bolchevique e suas incidências, dilacerou o movimento operário. Escapa aos nossos objetivos, aqui, apanhar o processamento desta história, posto que nosso interesse consiste em mapear apenas os projetos societários mais significativos em presença no cenário histórico-social quando da emersão da ordem monopólica.

De fato, neste momento histórico, *tais projetos não se esgotam em termos de uma dicotomia (projeto proletário/projeto burguês) nem implicam uma referencialidade direta às classes e estratos componentes da estrutura social.* Antes, eles desenham um mosaico variegado, um panorama espectral e matizado, onde comparecem projeções complementares e colidentes — desde componentes de pura restauração anticapitalista, de reacionarismo aberto, a elementos de pleno evasionismo em direção a um futuro nebuloso[120]. Mesmo se se tiver em mira a burguesia e o proletariado, exclusivamente, *é impossível detec-*

---

120. Amostra privilegiada desse panorama espectral é o campo de condensação ideológica constituído pela Igreja católica na segunda metade do século XIX. Não há nenhuma dúvida de que seu vetor compreende especialmente o veio do conservadorismo — e, nele, Leão XIII até parece um "modernizador", se comparado a Pio IX, extraordinário exemplo de reacionarismo e obscurantismo (Pio IX, 1951). Igualmente, não há dúvidas de que, no período, o catolicismo não contribuiu com qualquer aporte para propostas socialistas operárias (Hobsbawm, 1987). No entanto, no seu campo de condensação vão abrigar-se variadíssimas proposições societárias — das puramente restauradoras às que procuravam "harmonizar" capital e trabalho —, constituindo um pólo ideológico de imantação *multiclassista* cuja natureza polifacética seria equívoco ignorar.

tar projetos únicos em cada um de seus territórios[121]. Mas parece-nos legítimo, para nossos fins, operar a extração, numa ótica retrospectiva, por via de inferência a partir de construções ideais, dos projetos sóciopolíticos significativos dos protagonistas histórico-sociais significativos — donde o privilégio que concedemos às projeções proletária-revolucionária, conservadora-burguesa e reformista-"revisionista", sempre mantendo a insinuação de que seus rebatimentos não coincidem, necessariamente, com as fluidas fronteiras de classes.

É óbvio que a articulação destes projetos distintos com as práticas sociais e políticas das classes e frações de classes passa por mediações extremamente complicadas, só passíveis de levantamento através de análises conjunturais precisas. Igualmente, é óbvio que tais práticas não se explicam somente a partir dos seus parâmetros ideais, dos projetos que as referenciam. Mas é indubitável que esses projetos conformam em medida considerável os protagonistas daquelas práticas, num jogo em que se alteram, em ritmo diferencial, projetos e práticas. A configuração societária que se ergue sobre o ordenamento monopólico só pode ser apreendida na escala em que foi construída por protagonistas que, em alguma proporção, atuaram segundo projetos determinados: aquela configuração resulta como *produto involuntário e inintencional de intervenções voluntárias e intencionais* de agentes portadores de um nível variado de consciência acerca de meios e fins.

Entendemos que as três projeções que viemos de sumariar desempenharam um papel central no comportamento dos protagonistas histórico-sociais que se confrontaram na emersão do capitalismo dos monopólios — não eram as únicas que estavam em presença, mas foram as *decisivas*: orientaram em alguma medida a movimentação das representações e frações mais expressivas das classes sociais na sua colisão; de alguma maneira, inscreveram-se nas instituições específicas da sociedade burguesa madura e consolidada. Do enfrentamento das estratégias que elas viabilizaram, em graduação distinta, redunda-

---

121. No interior mesmo do campo de cada um desses projetos, o cenário era multifacético e plurívoco — somente assinalamos o que neles ganhou hegemonia. Não se pode esquecer, porém, no bojo do campo proletário, a incidência de vetores socialistas claramente *estatistas* (recorde-se a importância da influência de Lassale); no campo burguês, talvez o corte mais significativo tenha sido o que distinguiu os projetos dos setores monopolistas daqueles países onde a unidade nacional foi resultante de processos sociais que determinaram a ampliação da participação política daqueles de países onde a unificação e a construção do Estado nacionais — além de tardia — se deu pelo recurso a mecanismos elitistas e excludentes.

ram estruturas, instituições e políticas que marcam a organização da vida social na ordem monopólica.

1.4. A emergência do Serviço Social como profissão

É somente na intercorrência do conjunto de processos econômicos, sócio-políticos e teórico-culturais que tangenciamos nas seções precedentes que se instaura o espaço histórico-social que possibilita a emergência do Serviço Social como profissão. Sem a consideração deste marco específico, a análise da história do Serviço Social[122] perde concreção e acaba por transformar-se numa crônica essencialmente historiográfica e linear.

Esta crônica, geralmente rica em informações acerca do itinerário que leva dos intentos de racionalização da assistência (a partir da segunda metade do século XIX) à criação dos primeiros cursos de Serviço Social (na passagem do século XIX ao XX), está predominantemente assentada numa tese simples: a constituição da profissão seria a resultante de um processo cumulativo, cujo ponto de arranque estaria na "organização" da filantropia e cuja culminação se localizaria na gradual incorporação, pelas atividades filantrópicas já "organizadas", de parâmetros teórico-científicos e no afinamento de um instrumental operativo de natureza técnica; em suma, das protoformas do Serviço Social a este enquanto profissão, o evolver como que desenharia um *continuum*. A tese, inscrita ora em análises ingênuas, ora em investigações mais pretensiosas, comparece em autores que se situam nas posições teóricas e ideológicas mais diferentes[123] — o que lhe confere uma aura de prestigioso consenso. Sua debilidade, para além do traço

---

122. A bibliografia sobre a emergência profissional do Serviço Social já constitui um acervo relativamente ponderável. Entre o material que examinamos e que é pertinente a esta temática, destacamos: Richmond (1930), Sand (1932), Finck (1949), Pumphrey e Pumphrey, orgs. (1967), Kruse (1967), Faleiros (1972), Kisnerman (1973, 1976), Ander-Egg et alii (1975), Axinn e Levin (1975), Lima (1975), Lubove (1977), Vieira (1977), Leiby (1978), Almeida (1979), Trattner (1979), Aguiar (1982), Iamamoto (1982), Castro (1984), Sá (1984), Verdès-Leroux (1986), Mouro e Carvalho (1987) e Maranelli (1989).

123. Ela é óbvia num profissional tão tradicionalista como Vieira (1977) e tácita num renovador como Lima (1975).

mecanicista que exibe com evidência maior ou menor[124], é indiscutível: mostra-se inepta para dar conta de um elemento central do processo sobre o qual se debruça — *o fundamento que legitima a profissionalidade do Serviço Social*; em face desta questão axial, a solução recorrente é a de atribuir esse suporte especialmente ao sistema de saber que passa a enformar o Serviço Social. Vale dizer: a legitimação profissional é localizada no embasamento teórico[125]. O que permanece intangível para esta angulação é precisamente o que, a nosso juízo, constitui o efetivo fundamento profissional do Serviço Social: a criação de um espaço sócio-ocupacional no qual o agente técnico se movimenta — mais exatamente, o estabelecimento das condições histórico-sociais que demandam este agente, configuradas na emersão do mercado de trabalho.

É óbvio que a generalização e a persistência da angulação tradicional a que nos referimos sinalizam mais que um equívoco analítico dos muitos autores que com ela se solidarizam. Acreditamos que na sua base está um componente que, factual, recebe um tratamento que o enviesa. Trata-se da *relação de continuidade* que efetivamente existe entre o Serviço Social profissional e as formas filantrópicas e assistenciais desenvolvidas desde a emergência da sociedade burguesa[126]. Esta relação é inegável e, em realidade, muito complexa; de um lado, compreende um universo ideo-político e teórico-cultural, que se apresenta no pensamento conservador; de outro, envolve modalidades de intervenção características do caritativismo — ambos os veios cobrindo igualmente a assistência "organizada" e o Serviço Social. Sobretudo, a relação de continuidade adquire uma visibilidade muito grande porque há uma instituição que desempenha papel crucial nos dois âmbitos — a

---

124. Esta linearidade mecanicista, que diríamos quase paradigmática na auto-representação do Serviço Social, aparece nítida já em Sand (1932: 27): "Através dos séculos, assistimos a um desencadear contínuo preparando a evolução que conduziu da concepção individualizada da assistência a uma concepção sociológica; da filantropia ao sentido cívico; da caridade empírica e dispersa a um Serviço Social organizado".

125. A problemática aludida neste passo será debatida no Capítulo 2.

126. É preciso circunscrever com rigor o período histórico em que esta continuidade se revela — sem este cuidado, o *continuum* não se estabelece entre filantropia organizada e Serviço Social, mas entre a nebulosa noção de *ajuda* e a profissão. O que se tem, então, é um espaço aleatório, que tanto pode remeter à Antiguidade pré-cristã (Vieira, 1977) como às sociedades autóctones americanas pré-colombianas (Ander-Egg et alii, 1975). Também este ponto será tratado diferencialmente no Capítulo 2.

Igreja católica. Como adiante se verá (cf. Capítulo 2), as implicações de uma tal continuidade afetam medularmente o Serviço Social; menosprezá-la ou reduzi-la não contribui para a compreensão da profissão; no entanto, ademais de explicável, ela está longe de fornecer a chave para dilucidar a profissionalização do Serviço Social.

De uma parte, ela se explica porque um novo agente profissional, no marco da reflexão sobre a sociedade ou da intervenção sobre os processos sociais, não se cria a partir do nada. A constituição de um tal agente começa por refuncionalizar referências e práticas preexistentes, assim como as formas institucionais e organizacionais às quais elas se vinculam. De outra, porque, na seqüência, quando se conformam as referências e práticas próprias do novo agente, estas nem sempre implicam a supressão quer do *background* ideal, quer dos suportes institucional-organizativos anteriores, podendo conservá-los por largo tempo. No caso particular do Serviço Social, este processo ocorreu exemplarmente, de modo que a relação de continuidade manifestou-se com invulgar clareza[127], criando, para observadores pouco atentos, a ilusão de se estar verificando, das protoformas do Serviço Social à profissão, um mero desenvolvimento imanente.

Entretanto, a relação de continuidade não é única nem exclusiva — ela coexiste com uma *relação de ruptura* que, esta sim, se instaura como decisiva na constituição do Serviço Social enquanto profissão. *Substantivamente, a ruptura se revela no fato de, pouco a pouco, os agentes começarem a desempenhar papéis executivos em projetos de intervenção cuja funcionalidade real e efetiva está posta por uma lógica e uma estratégia objetivas que independem da sua intencionalidade.* O caminho da profissionalização do Serviço Social é, na verdade, o processo pelo qual seus agentes — *ainda que desenvolvendo uma autorepresentação e um discurso centrados na autonomia dos seus valores e da sua vontade* — se inserem em atividades interventivas cuja dinâmica, organização, recursos e objetivos são determinados para além do

---

127. *E tanto mais quanto a influência institucional da Igreja católica se manteve durante todo o período da profissionalização e mesmo quando esta já se consolida.* A capacidade articuladora e coesionadora da Igreja, aqui, revelou-se extraordinariamente na medida em que ela não se limitou a disputar vigorosamente a direção ideológica do processo de profissionalização, mas especialmente empenhou-se em garanti-la mediante um *dispositivo organizacional* de incidência macroscópica — quanto a isto, é suficiente pensar em iniciativas como a *União Católica Internacional de Serviço Social* (UCISS, de 1922).

seu controle[128]. Esta inserção — em poucas palavras, a localização dos agentes num *topus* particular da estrutura sócio-ocupacional —, quase sempre escamoteada pela auto-representação dos assistentes sociais[129], marca a profissionalização: precisamente quando passam a desempenhar papéis que lhes são alocados por organismos e instâncias alheios às matrizes originais das protoformas do Serviço Social é que os agentes se profissionalizam. Não se trata de um deslocamento simples: as agências em que se desenvolvem as protoformas do Serviço Social pensam-nas e *realizam-nas* como conjunto de ações não só derivadas menos de necessidades ou demandas sociais do que de impulsões ético-morais, mas especialmente como atividades exteriores à *lógica do mercado* (e daí também o privilégio do trabalho gracioso e voluntário, "comunitário"); apenas quando saltam para fora dessas agências, ou quando elas passam a subordinar-se a uma orientação diversa, é que os agentes podem empreender o caminho da profissionalização — ainda que, repita-se, nesta passagem, conservem o referencial ideal produzido naquelas agências. O deslocamento em tela não é simples porque pode dar-se (e, efetivamente, deu-se) não só com a manutenção do referencial ideal anterior como, principalmente, com a conservação de práticas a ele conectadas[130] — o que o deslocamento altera visceralmente, concretizando a ruptura, é, objetivamente, a *condição do agente* e o *significado social da sua ação*; o agente passa a inscrever-se numa *relação de assalariamento* e a significação social do seu fazer passa a ter um sentido novo na malha da *reprodução* das relações sociais. Em síntese: é com este giro que o Serviço Social se constitui como profissão, inserindo-se no *mercado de trabalho*, com todas as conseqüências daí decorrentes (principalmente com o seu agente tornando-se *vendedor* da sua força de trabalho).

---

128. É interessante observar, ao longo de toda a evolução do Serviço Social profissional, como esta tensão entre os "valores da profissão" e os papéis que objetivamente lhe foram alocados resultou numa *hipertrofia* dos primeiros na auto-representação profissional — resultou num *voluntarismo* que, sob formas distintas, é sempre flagrante no discurso profissional.

129. Não cabe aqui a análise das razões pelas quais a auto-representação do Serviço Social quase sempre contribui para dissimular o processo efetivo da sua profissionalização. Cumpre apenas anotar o que nos parece conter uma das essencialidades dessas motivações: ao eticismo do anticapitalismo romântico que originalmente enforma a sua vontade de intervenção repugna o reconhecimento da mercantilização da sua ação — o signo mais evidente da profissionalização no marco das relações sociais burguesas.

130. Sobre este ponto, que condicionará em boa medida as formas de legitimação da ação do Serviço Social, também retornaremos no próximo capítulo.

Ora, um tal mercado não se estrutura, para o agente profissional, mediante as transformações ocorrentes no interior do seu referencial ou no marco da sua prática — antes, estas transformações expressam exatamente a estruturação do mercado de trabalho; na emergência profissional do Serviço Social, não é este que se constitui para *criar* um dado espaço na rede sócio-ocupacional, mas *é a existência deste espaço que leva à constituição profissional*. Donde a relevância da argumentação acima afirmada: não é a *continuidade* evolutiva das protoformas ao Serviço Social que esclarece a sua profissionalização, e sim a *ruptura* com elas, concretizada com o deslocamento aludido, deslocamento possível (não necessário) pela instauração, *independentemente das protoformas*, de um espaço determinado na divisão social (e técnica) do trabalho.

Trata-se, justamente, do espaço que se engendra na sociedade burguesa quando o monopólio se consolida, no conflituoso processo cujos passos principais esboçamos anteriormente. É somente na ordem societária comandada pelo monopólio que se gestam as condições histórico-sociais para que, na divisão social (e técnica) do trabalho, constitua-se um espaço em que se possam mover práticas profissionais como as do assistente social[131]. A profissionalização do Serviço Social não se relaciona decisivamente à "evolução da ajuda", à "racionalização da filantropia" nem à "organização da caridade"; vincula-se à *dinâmica da ordem monopólica*[132]. É só então que a atividade dos agentes do Serviço Social pode receber, pública e socialmente, um caráter *profissional*: a legitimação (com uma simultânea gratificação monetária) pelo desempenho de papéis, atribuições e funções a partir da *ocupação* de um espaço na divisão social (e técnica) do trabalho na sociedade burguesa consolidada e madura; só então os agentes se reproduzem mediante um processo de socialização particular *juridicamente caucionada* e reiterável segundo procedimentos reconhecidos pelo Estado; só então o conjunto dos agentes (a categoria profissionalizada) se laiciza,

---

131. É desnecessário observar que, com a emersão e a consolidação da ordem monopólica, se dão as condições histórico-sociais para o surgimento de todo um *novo elenco de profissões*. Nosso interesse nos leva a restringir nossa reflexão apenas ao Serviço Social — sem que isto signifique qualquer privilégio para esta profissão.

132. Por isto mesmo, não é um acidente cronológico que a institucionalização do Serviço Social coincida rigorosamente com os limites historiográficos do — como vimos na certeira caracterização de Mandel (seção 1.1) — *período clássico do imperialismo*. Uma síntese daquela institucionalização encontra-se em Martinelli (1989: 101-108).

se independentiza de confessionalismos e/ou particularismos[133]. A emergência profissional do Serviço Social é, em termos histórico-universais, uma variável da idade do monopólio; enquanto profissão, o Serviço Social é indivorciável da ordem monopólica — ela cria e funda a profissionalidade do Serviço Social.

O processo pelo qual a ordem monopólica instaura o espaço determinado que, na divisão social (e técnica) do trabalho a ela pertinente, propicia a profissionalização do Serviço Social tem sua base nas modalidades através das quais o Estado burguês se enfrenta com a "questão social", tipificadas nas políticas sociais (cf. seção 1.1). Estas, ademais das suas medulares dimensões políticas, se constituem também como conjuntos de procedimentos técnico-operativos; requerem, portanto, agentes técnicos em dois planos: o da sua formulação e o da sua implementação. Neste último, em que a natureza da prática técnica é essencialmente *executiva*, põe-se a demanda de atores da mais variada ordem, entre os quais aqueles que se alocam prioritariamente no patamar terminal da ação executiva — o ponto em que os diversos vulnerabilizados pelas seqüelas e refrações da "questão social" recebem a direta e imediata resposta articulada nas políticas sociais setoriais. Neste âmbito está posto o *mercado de trabalho* para o assistente social: *ele é investido como um dos agentes executores das políticas sociais*. Os *loci* que passa a ocupar na estrutura sócio-ocupacional circunscrevem-se no marco das ações executivas, marco que, ele mesmo, contempla procedimentos diferenciados (da administração microscópica de recursos à implementação de "serviços"). O campo para o desenvolvimento das atribuições profissionais, a partir dos *loci* então criados, é verdadeiramente muito amplo. Por um lado, a natureza inclusiva da política social (*v.g.*, a tendência a se formularem políticas setoriais num leque cada vez maior) e o caráter tendencialmente tentacular dos "serviços" (dada a sua funcionalidade para obviar os óbices à valorização monopólica e para gerir as demandas das massas trabalhadoras) põem como objeto de interven-

---

133. A laicização, tanto mais afirmada quanto mais nítido é o estatuto profissional, não exclui uma auto-representação com traços confessionais nem, menos ainda, a pretensão de organizações confessionais em direcionar as referências e as práticas dos profissionais. Os indicadores efetivos da laicização são, por um lado, a regulamentação compulsória e pública (estatal) da formação e do desempenho profissionais e, por outro, a diferenciação ideal (teórico cultural, ídeo-política) interna da categoria profissional.

ção um progressivamente maior elenco de situações. Por outro, a alternância e/ou a coexistência dos enfrentamentos "público" e "privado" das manifestações da "questão social" oferecem a possibilidade da "especialização" dos profissionais neles envolvidos.

A constituição do mercado de trabalho para o assistente social pela via das políticas sociais — e recorde-se que aqui fazemos referência às políticas sociais do Estado burguês no capitalismo monopolista — é que abre a via para compreender simultaneamente a continuidade e a ruptura, antes aludidas, que assinalam a profissionalização do Serviço Social. De uma parte, recuperam-se formas já cristalizadas de manipulação dos vulnerabilizados pelas seqüelas da "questão social", assim como parcela do seu lastro ideal (ancorado no pensamento conservador, que aporta elementos para compatibilizar as perspectivas "pública" e "privada" — (cf. seção 1.2). De outra, com a sua reposição no patamar das políticas sociais, introduz-se-lhes um sentido diferente: a sua funcionalidade estratégica passa a dimanar dos mecanismos específicos da ordem monopólica para a preservação e o controle da força de trabalho. Em qualquer caso, porém, há que ressaltar que o componente de ruptura não exclui, antes supõe, tanto no processo da emersão profissional quanto no seu desenvolvimento, padrões de intervenção e de representação engendrados no seio de agências externas ao Estado e promotoras de políticas sociais próprias (privadas) — e isto porque, como já anotamos, o desenvolvimento do monopólio tende a subordinar tais políticas à lógica e à estratégia daquelas deflagradas pelo Estado por ele capturado[134].

---

134. Esta notação é importante por duas razões. Primeira: o fato de as políticas sociais (públicas) instaurarem o espaço *profissional* para o Serviço Social não significa, imediatamente, que seja o Estado o detonador de processos de constituição da categoria profissional; significa apenas que são elas que suportam o reconhecimento profissional do Serviço Social, cuja dinamização pode partir inclusive de grupos/instituições sociais em conflito com o Estado (pense-se, por exemplo, nas complexas relações entre a Igreja católica e os Estados francês e brasileiro nas décadas, respectivamente, primeira e terceira do século XX).

Segunda: o mesmo fato não implica que às agências estatais incumbidas da execução de políticas sociais se aloque a força de trabalho profissional; aqui, o que é relevante não é o caráter oficial ou não da organização a que se vincula o assistente social, *mas a estratégia de intervenção a que ela se articula* (pense-se, por exemplo, no caráter das organizações que original e primordialmente empregaram assistentes sociais na Europa Ocidental e nos Estados Unidos).

Ao referido sentido diferente, por outro lado, hipoteca-se o desvendamento seja da inserção da profissão na estrutura sócio-ocupacional, seja dos papéis particulares que lhes são atribuídos. Enquanto interveniente nos mecanismos elementares da preservação e do controle da força de trabalho e, simultaneamente, nos "serviços" que o Estado aciona para reduzir o conjunto de óbices que a valorização do capital encontra na ordem monopólica, o Serviço Social não desempenha funções produtivas, mas se insere nas atividades que se tornaram acólitas dos processos especificamente monopólicos da reprodução, da acumulação e da valorização do capital[135]; o caráter efetivamente não-liberal do seu exercício profissional (salvo em situações inteiramente atípicas) radica menos na sua inserção naquele arco de atividades do que na natureza executiva do seu ofício, que só pode ser realizada pela mediação organizacional de instituições, públicas ou não[136] — donde a massividade da relação profissional assalariada. Tais atividades, no caso do Serviço Social, configuram um complexo compósito de áreas de intervenção, onde se entrecruzam e rebatem todas as múltiplas dimensões das políticas sociais e nas quais a ação profissional se move entre a *manipulação prático-empírica de variáveis* que afetam imediatamente os problemas sociais (tal como os caracterizamos na seção 1.2) e a *articulação simbólica* que pode ser constelada nela e a partir dela. Realmente, a ação profissional se desdobra nestes dois níveis, imbricados mas não necessariamente sincronizados. De uma parte, a natureza interventiva que é própria do Serviço Social se revela na escala em que a implementação de políticas sociais implica a alteração prático-imediata de situações determinadas; de outra, é componente desta intervenção uma representação ideal que tanto orienta a ação alteradora quan-

---

135. É exemplar, aqui, a formulação de Iamamoto (in Iamamoto e Carvalho, 1983: 86): "Embora a profissão não se dedique, preferencialmente, ao desempenho de funções diretamente produtivas, podendo ser, em geral, caracterizada como um trabalho improdutivo, figurando entre os falsos custos de produção, participa, ao lado de outras profissões, da tarefa de implementação de condições necessárias ao processo de reprodução no seu conjunto, integrada como está à divisão social e técnica do trabalho".

136. A hipótese de um Serviço Social correndo por fora do marco institucional — que, em meados da década de setenta, ganhou corpo entre segmentos renovadores da profissão, contando então inclusive com a nossa parcial adesão —, *independentemente da sua inspiração teórica e ideológica*, converte-o, no limite, numa modalidade de intervenção que só pode embasar-se num *militantismo* fundado em suportes extraprofissionais.

to a situação em causa[137]. Vale dizer: a intervenção profissional reproduz, na sua consecução, as dimensões da *resposta integradora* pertinentes à essência das políticas sociais.

Por todo o exposto e pelo acúmulo já obtido em parcela significativa da literatura crítica do Serviço Social (especialmente os autores identificados com o chamado *movimento de reconceptualização*), é supérfluo observar que a profissão emerge com o privilégio das suas potencialidades legitimadoras em face da sociedade burguesa — não é apenas o seu enraizamento na vertente do pensamento conservador que a torna extremamente funcional para conceber (e tratar) as manifestações da "questão social" como *problemas* autonomizados, para operar no sentido de promover a psicologização da socialidade e para jogar nos vetores da *coesão social* pelos condutos da "reintegração" dos acometidos pelas *sociopatias*. Mais que este lastro (tangenciado nas seções 1.2 e 1.3 e a que retornaremos no próximo capítulo), conta na sua dimensão e funcionalidade simbólicas o investimento estratégico do projeto de classe predominante e decisivo no interior da burguesia quando da emersão do monopólio (cf. seção 1.3) — enquanto profissão, o Serviço Social não é uma possibilidade posta somente pela lógica econômico-social da ordem monopólica: *é dinamizada pelo projeto conservador que contempla as reformas dentro desta ordem*. Seu travejamento ídeo-político original, portanto, não deixa lugar a dúvidas: numa apreciação macroscópica, ele tende ao "reforço dos mecanismos do poder econômico, político e ideológico, no sentido de subordinar a população trabalhadora às diretrizes das classes dominantes em contraposição à sua organização livre e independente" (Iamamoto, in Iamamoto e Carvalho, 1983: 97). Está clara, nesta determinação, a conexão entre o Serviço Social e o protagonismo proletário que já indicamos (seção 1.3) — *uma conexão reativa*.

Este travejamento original — como, aliás, salienta corretamente a autora que acabamos de citar — enforma a representação e a auto-representação no Serviço Social como *tendência dominante*, mas não pode ser tomado como o único vetor operante no seu universo ideal e simbólico. As razões da sua força e vitalidade foram amplamente ana-

---

137. Esta intervenção a dois níveis, referendada aos traços caracteristicamente econômico-sociais da ordem monopolista (tal como os sumariamos na seção 1.1), foi bem esclarecida por Iamamoto (in Iamamoto e Carvalho, 1983: 97-123), sendo inteiramente supérfluo sintetizá-la aqui.

lisadas pelos estudiosos mais modernos da história da profissão e, ainda que de forma nem sempre a mais adequada, são hoje algo mais ou menos estabelecido entre os setores mais críticos da categoria — e não há porque repeti-las aqui[138]. O que importa é ressaltar que este vetor, no próprio processo de profissionalização do Serviço Social, encontra a concorrência de um conjunto de componentes que segrega elementos que tendem a problematizá-lo como eixo exclusivo das referências ideais da profissão. Em primeiro lugar, ele não se ergue como um projeto sócio-político particular, mas como uma articulação compósita de restauração e conservantismo que, condensada especialmente no campo da imantação ideológica da Igreja católica, é capturado e instrumentalizado pelo projeto conservador (este sim, sócio-político e de classe) burguês; nesta captura e integração, que não ocorre sem tensões, ele caminha para a laicização — e eis que vai interagir com outros projetos sócio-políticos, principalmente com o novo reformismo burguês de estratos médios (cf. seção 1.3); à medida que avança o processo de profissionalização, a interação progressivamente se acentua. Em segundo lugar, a base própria da sua profissionalidade, as políticas sociais, conformam um terreno de conflitos — e este é o aspecto decisivo —: constituídas como respostas tanto às exigências da ordem monopólica como ao protagonismo proletário, elas se mostram como territórios de confrontos nos quais a atividade profissional é tensionada pelas contradições e antagonismos que as atravessam enquanto respostas. Ou seja: a prática do exercício profissional abre a possibilidade, posto que inscrita numa dinâmica instaurada molecularmente pelos enfrentamentos de classes e frações de classes, para que rebatam no seu referencial ideal os projetos dos vários protagonistas sócio-históricos. Originalmente articulado para servir a um desses projetos, o arcabouço ídeo-político do Serviço Social não escapa ao jogo de forças ídeo-políticas que percorre a ordem burguesa: quanto mais se profissionaliza, menos se mostra refratário a pressões de outros projetos — à medida que avança como atividade vocacionada para manipular as respostas que o Estado

---

138. Especialmente com o chamado movimento de reconceptualização, que se nutriu de uma crítica basicamente ideológica do passado profissional, os *valores* do Serviço Social se viram colocados em questão; da bibliografia que pôs em xeque a vertente em que se inscrevem aqueles valores, configuradora da tendência dominante mencionada, destaque-se: Kruse (1967), Faleiros (1972), Kisnerman (1973, 1976), Lima (1975) e Iamamoto (1982).

Quanto à forma em que esta crítica se vulgarizou, não há dúvidas de que ela acabou por ser sintetizada em clichês simplistas, do gênero "a profissão é uma arma a serviço da burguesia".

burguês no capitalismo monopolista oferece institucionalmente às manifestações da "questão social", também se vulnerabiliza como projeto de intervenção umbilicalmente vinculado a um só protagonista sócio-histórico.

Emergindo como profissão a partir do *background* acumulado na organização da filantropia própria à sociedade burguesa, o Serviço Social desborda o acervo das suas protoformas ao se desenvolver como um produto típico da divisão social (e técnica) do trabalho da ordem monopólica. Originalmente parametrado e dinamizado pelo pensamento conservador, adequou-se ao tratamento dos problemas sociais quer tomados nas suas refrações individualizadas (donde a funcionalidade da psicologização das relações sociais), quer tomados como seqüelas inevitáveis do "progresso" (donde a funcionalidade da perspectiva "pública" da intervenção) — e desenvolveu-se legitimando-se precisamente como interveniente prático-empírico e organizador simbólico no âmbito das políticas sociais. Em sua profissionalidade, revela-se congruente com as exigências econômico-sociais da ordem monopólica; sua intervenção desenha um aporte ao desempenho do Estado burguês e do comando do capital monopolista para a reprodução das condições mais compatíveis com a lógica da valorização que se põe neste marco[139]. A estrutura mesma dessa profissionalidade, todavia, contém possibilidades que oferecem efetivas margens para movimentos alternativos no seu interior: nas mediações que o Estado vê-se compelido, pela ação de classes e frações de classes, a introduzir no trato sistemático das refrações da "questão social", o Serviço Social pode desincumbir-se das suas tarefas contemplando diferencialmente os vários protagonistas sócio-históricos em presença. A opção por um tratamento privilegiado de qualquer um deles, porém, não é função de uma escolha pessoal dos profissionais — ainda que a suponha, é variável da ponderação social e da força polarizadora dos protagonistas mesmos.

---

139. Na bibliografia mais recente do Serviço Social, pelo menos três autores estudaram, com enfoques e graus de profundidade diferentes, a congruência e o aporte aqui aludidos: Faleiros (1980), ainda que sem tematizar explicitamente o Serviço Social, faz interessantíssimas observações sobre a função da previdência e da assistência sociais no marco daquela lógica, abrindo a via para a compreensão do significado social da intervenção do assistente social; Iamamoto (in Iamamoto e Carvalho, 1983) discute competentemente, depois de decifrar o sentido dos serviços sociais, o papel do Serviço Social na reprodução da força de trabalho e na reprodução de seu controle ideológico; Galper (1986) oferece matizada contribuição para desvelar a natureza econômico-social e ídeo-política das intervenções concernentes ao "bem-estar social na sociedade capitalista".

O campo do Serviço Social, como pretende sustentar a nossa argumentação, é demarcado e tensionado pela conjunção de uma dupla dinâmica: a que decorre do confronto entre os protagonistas sócio-históricos na emersão da ordem monopólica e a que se instaura quando, esbatendo mediatamente aquele confronto na estrutura sócio-ocupacional, todo um caldo cultural se instrumentaliza para dar corpo a alternativas de intervenção social profissionalizadas. Ambas as dinâmicas se inscrevem no tecido armado pelo jogo das forças das classes sociais, ainda que não sejam diretamente redutíveis a este — postos o peso específico e a configuração peculiar dos vetores constitutivos daquele caldo cultural[140].

A esta altura, torna-se pertinente sumariar, muito sinoticamente, o processo da primeira daquelas dinâmicas — exatamente as condições histórico-sociais na emergência do Serviço Social.

O desenvolvimento capitalista alcança o seu patamar mais alto na ordem monopólica que traveja a sociedade burguesa consolidada e madura. A institucionalidade sócio-política que lhe é própria não redunda imediatamente das exigências econômicas do dinamismo do capital monopolista, mas se produz como resultante do movimento das classes sociais e suas projeções. Nela, o Estado joga um papel central e específico, dado que lhe cabe assegurar as condições da reprodução social no âmbito da lógica monopólica ao mesmo tempo em que deve legitimar-se para além desta fronteira — donde o potenciamento do seu traço intervencionista e a sua relativa permeabilidade a demandas extramonopolistas incorporadas seletivamente com a tendência a neutralizá-las. Este núcleo elementar de tensões e conflitos aparece organizado na sua modalidade típica de intervenção sobre a "questão social", conformada nas políticas sociais — intervenção que a fragmenta em problemas autonomizados, mas que se realiza sistemática, contínua e estrategicamente, em respostas que transcendem largamente os limites da coerção sempre presente. Para uma tal intervenção, requerem-se agentes técnicos especializados — novos profissionais, que se inserem em espaços que ampliam e complexificam a divisão social (e técnica) do trabalho. Entre estes novos atores, contam-se os assistentes sociais: a eles se alocam funções executivas na implementação de políticas so-

---

140. A que concederemos tratamento privilegiado, retomando as implicações desta dupla dinâmica, no Capítulo 2.

ciais setoriais, com o enfrentamento (através de mediações institucional-organizativas) de problemas sociais, numa operação em que se combinam dimensões prático-empíricas e simbólicas, determinadas por uma perspectiva macroscópica que ultrapassa e subordina a intencionalidade das agências a que se vinculam os atores. Profissionais assalariados, os assistentes sociais têm o fundamento do seu exercício hipotecado e legitimado ao/no desempenho daquelas funções executivas, independentemente da (auto-) representação que delas façam. Estruturando-se como categoria profissional a partir de tipos sociais preexistentes à ordem monopólica, originalmente conectados a um compósito referencial ideal incorporado pelo projeto sócio-político conservador (aberto às reformas "dentro da ordem") próprio à burguesia monopolista, à medida que sua profissionalização se afirma os assistentes sociais tornam-se permeáveis a outros projetos sócio-políticos — especialmente na escala em que estes rebatem nas próprias políticas sociais.

Capítulo 2

A estrutura sincrética do Serviço Social

A discussão da *natureza* do Serviço Social é praticamente contemporânea à sua própria institucionalização como profissão (Leiby, 1978). Factualmente, esta discussão veio se vinculando ao debate dos seus papéis sócio-ocupacionais — em boa medida marcados pela herança das suas protoformas — e da relevância dos mesmos, condicionando em escala ponderável os paradigmas que alternativamente se apresentaram como identificadores do Serviço Social.

Um exame, mesmo que perfunctório, das fontes de elaboração que, ao longo de mais de meio século, procuraram oferecer ao Serviço Social um tônus particular enquanto sistema de idéias e de práticas revela a constante e contínua preocupação em repostar as reservas e críticas que, desde os seus primeiros intentos autonômicos, tinham por objetivo desqualificá-lo de alguma maneira — seja por interditá-lo como profissão, seja por cancelar as suas pretensões "científicas"[1].

Ora referida a interlocutores estranhos ao universo profissional, ora voltada para o seu público interno, aquela preocupação recorrente, que, por vezes, adquiriu tom monocórdico[2], sintomatiza muito mais

---

1. A primeira (e mais conhecida) reserva, a historiografia credita-a ao Dr. Abraham Flexner, que, em 1915, negava ao Serviço Social até mesmo o estatuto de profissão (Trattner, 1979: 211); senão a primeira, pelo menos a mais condensada e canônica interdição às pretensões "científicas" do Serviço Social, encontramo-la no então influente MacIver (MacIver, 1931: 1-3).

2. Na tentativa de contemplar a polaridade conhecimento rigoroso/técnica profissional, que estava em causa nas reservas antes mencionadas, a bibliografia profissional desenvolveu

que os *desiderata* profissionais dos assistentes sociais (ainda que estes, marcadamente corporativos, não sejam de desprezar): sinaliza a conexão entre uma problemática substantivamente teórico-cultural e um conjunto de dilemas medularmente histórico-social — vale dizer: a clarificação do *estatuto teórico* do Serviço Social e a localização da sua especificidade como *prática profissional*.

Claro está que tal conexão não é arbitrária nem casual, antes expressando uma efetiva interação ocorrente entre as duas dimensões referidas. Entretanto, o tratamento distinto delas é uma exigência básica para iluminar convenientemente as peculiaridades de cada uma e, em especial, para infirmar a equivocada relação causal que a tradição profissional veio estabelecendo entre ambas, consistente em derivar a legitimidade da prática profissional a partir dos seus fundamentos pretensamente científicos. E, bem mais significativamente, porque permite remeter a análise da problemática teórico-cultural do Serviço Social ao seu terreno fundamental — aquele que se põe no âmbito das relações entre projeto de intervenção e rigor teórico possível no conhecimento do social, nos quadros da sociedade burguesa.

2.1. Serviço Social: fundamentos "científicos" e estatuto profissional

Tematizando as relações entre o estatuto teórico do Serviço Social e a sua condição sócio-profissional, os assistentes sociais construíram uma linha de reflexão nitidamente identificável ao longo da sua elaboração intelectual. Nesta linha, ressalta a conexão peculiar que se estabeleceu entre o atribuído (ou suposto) fundamento "científico" do Serviço Social e o seu *estatuto profissional* — todas as indicações recolhidas na massa documental pertinente produzida pela categoria levam a registrar que, para esta, o estatuto profissional é posto basicamente como dependente do seu fundamento "científico".

---

reiterativamente, até meados dos anos sessenta, a circunscrição do Serviço Social como "síntese" de ciência e arte (Barreto, 1967). Para Bartlett (1976: 60-61), a dominância do componente "arte" é própria do modelo de Serviço Social que denomina de "método-e-técnica", enfatizando o "sentir e agir", em detrimento do "pensar e conhecer", pertinente ao modelo "profissional".

Naquela massa, são residuais (deixando de lado o seu valor heurístico intrínseco) as argumentações que procuram a explicação do estatuto profissional do Serviço Social travejando-a no contexto da divisão social (e técnica) do trabalho imperante na sociedade burguesa consolidada e madura e vinculando-a a demandas típicas das suas modalidades de reprodução social[3]. Predominam, ao contrário, as concepções que hipotecam a configuração profissional institucional a uma espécie de "maturidade científica" do Serviço Social em comparação às suas chamadas *protoformas* — e este predomínio desborda inclusive as fronteiras (no mais das vezes, arbitrárias) que diferenciam tendências no interior da categoria[4].

Compreender adequadamente esta predominância é tarefa em aberto; uma pista eventualmente fecunda para dilucidá-la talvez resida na consideração de que se tornou histórica e socialmente relevante para os assistentes sociais construir uma auto-imagem que cortasse o seu exercício sócio-profissional com as suas protoformas, intervenções assistencialistas, assistemáticas e filantrópicas[5] — e uma base persuasiva para um tal corte seria oferecida pelo recurso a suportes "científicos" como *fundantes* da profissão.

Qualquer que seja, porém, a razão cabível para esta hipoteca da base profissional ao seu lastro "científico", o certo é que ela desconsidera o primordial, isto é, o erguimento de uma configuração profissional a partir de demandas histórico-sociais macroscópicas. O aspecto nuclear de uma intervenção profissional institucional não é uma variável de-

---

3. Neste sentido, é exemplar a concepção apurada em Iamamoto (Iamamoto e Carvalho, 1983).

4. É interessante notar que nem mesmo no interior do chamado movimento de reconceptualização estas concepções foram vencidas, ainda que vários dos seus protagonistas substituíssem a "maturidade científica" por uma intencional prática de desmistificação ideológica dos "valores" do Serviço Social tradicional.

5. Aliás, a recusa formal em assumir como tal a *assistência* tem provocado, ultimamente, intentos de redimensioná-la e recuperá-la profissionalmente. Para uma argumentação que procura ferir as dimensões assistenciais presentes em exercícios profissionais do tipo do Serviço Social, cf. Gaylin et alii, 1981; sobre a sua recuperação profissional, noutra ótica que não a caritativa, cf. Santos (1985: 168-170, 191-196) e Sposati et alii (1985: 39 e ss.).

Por outra parte, cabe anotar que a filantropia, *como tal* (e ao contrário do que comumente se expressa na bibliografia profissional do Serviço Social), não sofre, necessariamente, um processo de erosão com o desenvolvimento "moderno" do capitalismo; há fortes indicações de que "à modernidade empresarial corresponde a racionalidade filantrópica" (Figueiredo e Malan, 1969: 143).

pendente do sistema de saber em que se ancora ou de que deriva; é-o das respostas com que contempla demandas histórico-sociais determinadas; o peso dos vetores do saber só se precisa quando inserido no circuito que atende e responde a estas últimas (mesmo que, em situações de rápidas mudanças sociais, a emersão de novos parâmetros do saber evidencie implementações susceptíveis de oferecer inéditas formas de intervenção profissional).

Colada a esta inversão generalizada na construção da auto-imagem do Serviço Social, que supõe que a raiz da especificidade (ou de parte substantiva dela) profissional advém de um estoque "científico", e levantando outro desafio para análises mais percucientes e minimamente sólidas, parece estar a relação entre a institucionalização profissional do Serviço Social e o fenômeno, universalizado e indiscutível, de ele apresentar-se como "profissão feminina". Esta relação não carece de significado — inversamente, sobrevém carregada de implicações. Entre outros elementos, compõe-se aí o quadro, prenhe de dilemas, da afirmação sócio-profissional de atores neste mesmo âmbito (sócio-profissional) profundamente marginalizados. Em tal afirmação, a ruptura com o regime do *voluntariado* não equivaleu à ruptura com a *subalternidade técnica* (e social) a que se destinava e alocava a força de trabalho feminina[6]. Não é infundado supor que, nestas condições, a inversão operada — isto é, a definição do estatuto profissional do Serviço Social fazendo apelo às suas pretensas bases "científicas" — parecia desobstruir o conduto para deslocar essa subalternidade. No limite, é pertinente a inferência de que estas tensões, visíveis no terreno da profissão, podem ser relacionadas às lutas femininas ocorrentes em outras esferas sociais[7].

---

6. Sobre estas questões, Vicente de Paula Faleiros teceu argutas observações no debate que travamos durante a XXIV Convenção Nacional da ABESS (Niterói, setembro de 1985), só parcialmente recolhidas em "O processo da formação profissional do assistente social", *Cadernos ABESS*, São Paulo, Cortez, outubro de 1986, 1, esp. pp. 74-77.

7. Campo de pesquisa em aberto, e potencialmente promissor, é aquele que aponta para as relações entre a profissionalização do Serviço Social e os movimentos específicos das mulheres. Sem projetar para o passado questões que só recentemente ganharam notoriedade, parece-me válida a hipótese de que, pela via da profissionalização no Serviço Social, contingentes femininos conquistaram papéis sociais e cívicos que, fora desta alternativa, não lhes seriam acessíveis.

Em pesquisadores portugueses, aliás, encontramos a fecunda observação segundo a qual "reforma moral" que embasa o Serviço Social europeu original possui, como um de seus elementos constitutivos, o *feminismo burguês* do século XIX (Mouro e Carvalho, 1987: 32 e ss.).

O que aqui importa ressaltar, contudo, é que qualquer esforço para esclarecer o estatuto *profissional* do Serviço Social, antes que recorrer à sua estrutura como saber, deve remeter-se a um traço compulsório na apreciação do processo de institucionalização de toda atividade profissional: o dinamismo histórico-social, que recoloca, a cada uma de suas inflexões, a urgência de renovar (e, nalguns casos, de refundar) os estatutos das profissões particulares. Isto significa que, em lapsos diacrônicos variáveis, todos os papéis profissionais vêem-se em xeque — pelo nível de desenvolvimento das forças produtivas, pelo grau de agudeza e de explicitação das lutas de classes, pela emergência (ou rearranjo ponderável) de novos padrões jurídico-políticos etc. Decorrentemente, a original legitimação de um estatuto profissional encontra-se periodicamente questionada — e não lhe é suficiente o apelo à sua fundamentação anterior, senão que se lhe põe como premente uma reatualização que a compatibilize com as demandas que se lhe apresentam.

Por isto mesmo, a afirmação e o desenvolvimento de um estatuto profissional (e dos papéis a ele vinculados) se opera mediante a intercorrência de um *duplo* dinamismo: de uma parte, aquele que é deflagrado pelas demandas que lhe são socialmente colocadas; de outra, aquele que é viabilizado pelas suas reservas próprias de forças (teóricas e prático-sociais), aptas ou não para responder às requisições extrínsecas — e este é, enfim, o campo em que incide o seu sistema de saber. O espaço de toda e cada profissão no espectro da divisão social (e técnica) do trabalho na sociedade burguesa consolidada e madura é função da resultante destes dois vetores[8]: não há, aqui, um mecanismo que, de saída, decida de uma vez por todas a fortuna de um setor profissional, ainda que este complexo jogo possa ser muito perturbado pelo parasitismo próprio desta sociedade[9].

Sob outra luz, Verdès-Leroux (1986) tece interessantes considerações acerca do "feminismo" no Serviço Social. Mais recentemente, Heckert (1989) tratou cuidadosamente dessa problemática.

8. Restringir à sociedade burguesa consolidada e madura esta dupla dinâmica não equivale a torná-la exclusiva desta quadra histórico-social; é somente um cuidado contra generalizações que podem se revelar abusivas.

9. Tematizar aqui as incidências deste parasitismo (cf. Capítulo 1) levar-nos-ia a um excurso que, mesmo pertinente em se tratando do Serviço Social, nos afastaria do nosso percurso obrigatório. É desnecessário aduzir que esta discussão não é alheia à polêmica acerca do caráter "produtivo" do Serviço Social, objeto de análise, entre outros, de Maguiña (1977), Parodi (1978), Iamamoto (Iamamoto e Carvalho, 1983) e Karsch (1987).

Precisamente este duplo dinamismo que concorre nos momentos de giro (fundação, renovação e/ou refundação) de um estatuto profissional é obscurecido na auto-imagem que tradicionalmente o Serviço Social construiu de sua afirmação e desenvolvimento. Na escala em que remeteu o seu perfil profissional a um suposto fundamento "científico", creditou-se essencialmente a este as suas inflexões prático-profissionais.

Nesse passo, não se constata apenas a inversão que tem sido própria do Serviço Social — buscar a gênese de suas redefinições profissionais na alteração do sistema de saber que o referencia, típica operação de (auto-) ilusionismo ideológico. Constata-se, igualmente, um procedimento que acaba por obnubilar a visão que se pode estabelecer da sua estrutura teórica. Dois episódios da história do Serviço Social atestam estas assertivas: a viragem psicologista (progressivamente centrada no enfoque psiquiátrico) que, no final dos anos vinte, instaurou um papel peculiar para o Serviço Social de Caso[10] e a assunção da organização e do desenvolvimento de comunidades, no segundo pós-guerra e nomeadamente ao sul do Rio Grande, que veio a plasmar, como segmento do âmbito profissional, o Desenvolvimento de Comunidade[11].

Nestes dois capítulos, que marcaram indelevelmente a história da profissão (quer no domínio da sua elaboração intelectual, quer no plano da sua intervenção prática), a concorrência do duplo dinamismo que mencionamos é inequívoca: neles comparecem vetores histórico-sociais e matrizes teórico-culturais precisas. Entretanto, a auto-percepção profissional tendeu fortemente a apagar os vincos da ordem primordial de condicionalismos: tudo se passa como se, no primeiro caso, a translação do privilégio da intervenção para o âmbito característico da terapia estritamente individual derivasse da incorporação (teórica) das chaves heurísticas da psicologia (e, em seguida, da psiquiatria e dos influxos freudianos e neofreudianos) e, no segundo, como se a inserção do assistente social no marco de ações interdisciplinares ou multiprofissionais fosse o desaguadouro da permeabilidade do Serviço Social às teorias funcionalistas da sociedade e da mudança social[12].

---

10. Inflexão que tem o seu marco decisivo em Robinson (1930). Cf. também *infra*.
11. A propósito, cf. Castro (1984). Cf. também *infra*.
12. São "clássicos", a este respeito, os trabalhos de Hamilton (1962) e Ware (1964).

O ilusionismo ideológico é aqui bastante óbvio para dispensar um tratamento mais demorado. Mais pertinente é apontar para o outro fenômeno aí contido, que envia a análise para o obscurecimento das relações *teóricas* do Serviço Social.

Com efeito, o giro do final da década de vinte não pode esgotar-se no reconhecimento de um novo papel sócio-profissional para o Serviço Social de Caso: ele implica o levantamento dos problemas que se colocam quando a vertente analítica e diagnóstica que então emerge no Estados Unidos se imbrica com o arcabouço de conhecimentos que se vinha acumulando dos "anos progressistas" às "idéias construtivas" (Leiby, 1978). Por seu turno, o que vem à tona depois de 1945 não pode reduzir-se à sanção de um alargamento do espaço profissional, com o ingresso, nele, do Desenvolvimento de Comunidade: supõe a identificação das questões da compatibilização de uma abordagem tendencialmente compreensiva e macroscópica da dinâmica social com um acervo teórico e de intervenção basicamente atomizado e em microescala.

Ora, em *nenhum* dos dois casos se realçaram as incidências teóricas das rotações que se realizaram. Quer dizer: ademais de se levar a cabo o ilusionismo segundo o qual da incorporação de novas matrizes teórico-culturais decorreu uma redefinição do estatuto profissional, efetivou-se uma operação que tinha por pressuposto que o crescimento, a ampliação e a consolidação do sistema de saber a que se reenviava o Serviço Social era um processo orgânico e cumulativo, no interior do qual a incorporação e a integração de novos quadros teóricos e analíticos se dava sem colocar em questão a sua congruência e o seu padrão de articulação com a massa crítica anteriormente caucionada. Donde não só a subsunção do estatuto profissional ao teórico, com a prática dos profissionais parecendo receber os seus traços pertinentes do código teórico; muito mais: o repertório analítico, extraído seletivamente do bloco cultural das ciências sociais, tomava-se-o como se a sua estrutura teórica fosse compatível *a limine* com as elaborações anteriores.

2.2. Serviço Social e sincretismo

Um tratamento diferenciado que distinga, no plano analítico, o estatuto teórico do Serviço Social do prático-profissional, tal como o enfatizamos linhas atrás, não é apenas dificultado pela tradicional construção da auto-imagem do Serviço Social, comprometida pela inversão já assinalada. Se esta se constituísse no seu único óbice, bastaria para superá-la uma crítica de fundo.

Mas não é este o caso. A desmontagem do referido ilusionismo está longe de propiciar a desobstrução do caminho para a análise substantiva. O problema deita raízes mais profundas e complexas num terreno singular: a própria *natureza sócio-profissional* do Serviço Social. É desta que decorrem, *posta a carência de um referencial teórico crítico-dialético*, as peculiaridades que fazem dele um exercício prático-profissional medularmente *sincrético*.

A estrutura sincrética do Serviço Social, deve-se advertir preliminar e vigorosamente, não interdita a análise distinta dos dois níveis (estatuto teórico/estatuto profissional) que advogamos como imperativa. Impõe-lhe, todavia, um leque de condicionalismos que, se não for considerado devidamente, pode conduzir a contrafações de vulto — como, por exemplo, avaliá-lo e ajuizá-lo exclusivamente através da ponderação do seu conteúdo teórico (do sistema de saber que o ancora). Por via de conseqüência, o tratamento analítico deste conteúdo só adquire um dimensionamento correto quando contextualizado em função da estrutura sincrética do Serviço Social como exercício prático-profissional.

O sincretismo nos parece ser o fio condutor da afirmação e do desenvolvimento do Serviço Social como profissão, seu núcleo organizativo e sua norma de atuação. Expressa-se em todas as manifestações da prática profissional e revela-se em todas as intervenções do agente profissional como tal. *O sincretismo foi um princípio constitutivo do Serviço Social*[13].

Três são os fundamentos objetivos da estrutura sincrética do Serviço Social: o universo problemático original que se lhe apresentou como eixo de demandas histórico-sociais, o horizonte do seu exercício profissional e a sua modalidade específica de intervenção. Todo o complexo de outras determinações sincréticas próprias ao Serviço Social — valorações, componentes de referência teórica etc. — assenta em e concorre e reforça estas bases factuais.

---

13. Justamente desta estrutura sincrética do Serviço Social derivam, *objetivamente* e para além da diversa angulação dos analistas, as possibilidades tão amplas de enfoques diferentes sobre a profissão.

Para além de toda a retórica funcionalista e liberal-humanista, que incide epidemicamente nos mecanismos de "integração" da ordem social capitalista e nas (eventuais) resultantes "desumanizadoras" da civilização contemporânea, já se tornou lugar-comum detectar o eixo original de demandas histórico-sociais que convoca o Serviço Social como profissão no que se convencionou chamar de "questão social" (cf. capítulo 1 e também Axinn e Levin, 1975; Iamamoto, 1982; Castro, 1984; Verdès-Leroux, 1986). Entretanto, o que ainda não foi inferido em toda a sua amplitude é a natureza *difusa* assumida pela "questão social", que se instaura como objeto polifacético e polimórfico para uma enorme variedade de intervenções profissonais[14]; seria mais exato, aliás, apontar para a *multiplicidade problemática* engendrada pela "questão social", enquanto complexo de problemas e mazelas congeniais à sociedade burguesa consolidada e madura.

Mesmo precocemente — vale dizer, antes do trânsito do capitalismo concorrencial à idade do monopólio —, a "questão social" se refratava para muito além do campo imediato de antagonismos que a materializava, isto é, o território fabril[15]. O ingresso no estágio imperialista fez crescer exponencialmente estas refrações, de modo tal que progressivamente não restou um só aspecto da convivência societária que escapasse a elas. Daí, diga-se de passagem, a possibilidade abstrata de "recortar" qualquer segmento da vida social como legítimo setor para a intervenção profissional de agentes como os assistentes sociais — há a possibilidade abstrata de implementar ações direcionadas pelo Serviço Social em qualquer que seja a esfera da sociedade[16]. A refuncionalização do Estado burguês neste quadro histórico-social, dada a integração orgânica dos seus aparatos com aqueles das grandes corporações (cf. Capítulo 1), acarretou mais que a crescente e burocrática institucionalização das intervenções preventivas/corretivas sobre aquelas refrações: tendeu a operacioná-las segundo estratégias globais (de classes), que tanto as reproduzem ampliadamente quanto respondem, num esforço integrador, às pressões geradas por elas e apropriadas politicamente

---

14. Na sólida argumentação de Iamamoto (Iamamoto e Carvaiho, 1983) estão contidas as determinações axiais para esta inferência.

15. Para esta verificação, é suficiente percorrer a bibliografia pertinente produzida da primeira metade aos anos sessenta do século XIX, de que é amostra representativa o conhecido panorama britânico oferecido por Engels (1986).

16. Carol Meyer (1970), ilustrativamente, quis recuperar o Serviço Social tradicional repensando-o em função do que chama de "crise urbana".

pelas classes subalternas; trata-se, aqui, da operacionalização pela via das *políticas sociais* (cf. Capítulo 1).

As refrações societárias da "questão social" configuram-se caleidoscopicamente na idade do monopólio. Por isto mesmo, na sua fenomenalidade, elas propiciam a alternativa do seu enfrentamento seletivo (seletivo, obviamente, conforme as estratégias das classes em presença) e/ou simultâneo (mediante ações interprofissionais)[17]. Em qualquer das hipóteses, contudo, um enfrentamento particular *sempre* remete a outro: a fenomenalidade atomizada da "questão social", a partir da mais superficial das intervenções, acaba recolocando a articulação profunda da sua causalidade (senão ao preço, mesmo que a médio prazo, da desqualificação das intervenções). Só este fato já confronta o assistente social com o tecido heteróclito em que se move a sua profissionalidade: a teia em que a vê enredada se entretece de fios econômicos, sociais, políticos, culturais, biográficos etc., que, nas demandas a que deve atender, só são passíveis de desvinculação mediante procedimentos burocrático-administrativos.

É inegável o registro desta desvinculação — que, como já se demonstrou[18], reproduz reiterativamente a demanda da intervenção do profissional. No entanto, mesmo no bojo da (formal) "homogeneização" que os procedimentos burocrático-administrativos realizam institucionalmente (com a delimitação dos "problemas", do "público-alvo" e dos "recursos" a serem alocados), persiste a ineliminável heterogeneidade das *situações*, que o profissional só pode elidir pela abstração, elisão que não resiste exceto no plano da formalidade institucional. Daí que, aprisionado na lógica hierárquica e na mecânica estabelecida no jogo institucional, o profissional remeta a problemática das refrações da "questão social" — daquelas que não estão contempladas nas suas "atribuições", prescritas nos limites dos "serviços" institucionais — *sempre* para outras instâncias, ainda que mesmo do próprio Serviço Social[19].

---

17. É extremamente relevante observar que é do próprio manifestar-se difuso e caleidoscópico da "questão social" que flui a possibilidade quer da pulverizada especialização dos agentes profissionais a ela dedicados, quer, igualmente, da *discriminação institucional das necessidades e carências*, da "normatização" que viabiliza a "detecção dos assistíveis" (Faleiros, 1985 e Verdès-Leroux, 1986).

18. Além das referências citadas na nota anterior, cf. também Sposati et alii (1985).

19. A razão objetiva de boa parte das funções de "triagem" e "encaminhamento" atribuídas institucionalmente aos assistentes sociais encontra-se neste verdadeiro jogo de espelhos.

Em suma: a multiplicidade quase infindável das refrações da "questão social" que esbatem no âmbito da intervenção profissional do Serviço Social põe problemas nos quais necessariamente se entrecruzam dimensões que não se deixam equalizar, escapando e desbordando dos modelos formal-abstratos de intervenção. Os moldes formal-abstratos desenvolvidos pela profissão — expressos, por exemplo, na tricotomia caso/grupo/comunidade, ou na seqüência estudo/diagnóstico/terapia/ avaliação (contínua) — mostram-se inevitavelmente unilaterais e unilateralizantes, na justa escala em que deixam de apreender o sistema de mediações concretas que forma a rede em que se constitui a unidade de intervenção, esta mesmo alvo das inúmeras situações problemáticas em que se corporificam as refrações da "questão social", numa série cuja diferencialidade instaura um aparentemente caótico complexo de carências (materiais e/ou ideais). Verifica-se, portanto, que a problemática que demanda a intervenção operativa do assistente social *se apresenta*, em si mesma, como um conjunto sincrético; *a sua fenomenalidade e o sincretismo* — deixando na sombra a estrutura profunda daquela que é a categoria ontológica central da própria realidade social, a *totalidade*[20].

Só este fato, porém, não determinaria a estrutura sincrética do Serviço Social — ele se apresenta, realmente, para uma ampla gama de intervenções sociais, profissionalizadas ou não. O que lhe atribui uma gravitação especial, em se tratando do Serviço Social, é o *horizonte* em que este se exerce.

Efetivamente, a pesquisa mais recente e contemporânea tem salientado que o horizonte real que baliza a intervenção profissional do assistente social é o do *cotidiano*[21]. Não está em tela, nesta determinação, a referencialidade compulsória de todas as objetivações sócio-humanas à vida cotidiana (Lukács, 1966 e Heller, 1975); o cotidiano como horizonte real da intervenção profissional do Serviço Social denota,

---

20. A categoria de *totalidade* é recuperada aqui tal como a conceptualizou Lukács (1974, 1976, 1979 e 1981).

21. Esta saliência aparece sobretudo como *reconhecimento factual*, mas também como *programática*. Vejam-se as seguintes formulações: "O assistente social atua no cotidiano dos grupos sociais oprimidos" (Facão, in Netto e Falcão, 1987: 54); "[...] Cabe hoje ao assistente social voltar-se mais para a compreensão das situações cotidianas dos grupos sociais e de seu significado" (Barbosa Lima, 1980: 152); e Galper (1986), por sua vez, relaciona diretamente o "controle do cotidiano" com as políticas de "bem-estar na sociedade capitalista".

antes, que ela transita necessariamente pelos condutos da cotidianidade: seu material *institucional* é a heterogeneidade ontológica do cotidiano (Netto, in Netto e Falcão, 1987: 64 e ss.) e seu encaminhamento técnico e ideológico (salvo quando se exercita um fazer profissional que põe em xeque a valoração própria do Serviço Social tradicional e, mesmo assim, muito relativamente) não favorece "suspensões" ou operações de "homogeneização" (idem: 68-69; para um tratamento exaustivo, cf. Lukács, 1967a).

A funcionalidade histórico-social do Serviço Social aparece definida precisamente enquanto uma tecnologia de organização dos componentes heterogêneos da cotidianidade de grupos sociais determinados para ressituá-los no âmbito desta *mesma* estrutura do cotidiano — o disciplinamento da família operária, a ordenação de orçamentos domésticos, a recondução às normas vigentes de comportamentos transgressores ou potencialmente transgressores, a ocupação de tempos livres, processos compactos de ressocialização dirigida etc. —, conotando-se tecnologia de organização do cotidiano como *manipulação planejada*[22]. Não é cariz exclusivo do Serviço Social esta funcionalidade, que ele compartilha com um crescente elenco de especializações profissionais (cientistas sociais de todo o tipo que se dedicam a "tarefas práticas" a serviço do Estado e do capital, publicitários, *experts* em "relações industriais" etc.); o que, porém, o singulariza neste exército de tecnólogos são as condições peculiares que a divisão social (e técnica) do trabalho imperante na sociedade burguesa consolidada e madura reserva para o seu fazer profissional.

Estas condições já foram minimamente esclarecidas[23] e não cabe repeti-las neste lugar. Entretanto, *todas elas jogam no sentido de sintonizar, reproduzir e sancionar a composição heteróclita da vida cotidiana com o sincretismo das refrações da "questão social"*. O fulcro do fenômeno deriva, basicamente, de uma saturação das *funções executivas* do Serviço Social, que se vinculam à subalternidade técnica já referida e à modalidade específica da intervenção dos assistentes sociais (cf. *infra*). Nesta perspectiva, dentre todos os profissionais alocados à organização do cotidiano de determinados grupos sociais, o assisten-

---

22. Na qual comparece a "violência simbólica" referida por Verdès-Leroux (1986).

23. Cf., por exemplo, Iamamoto (1982), Verdès-Leroux (1986) e Karsch (1987). São ponderáveis as contribuições críticas que, neste aspecto, foram oferecidas pelo coletivo editor da revista francesa *Champ Social*, que começou a circular em 1973 (Paris, F. Maspero).

te social é aquele que se vê posicionado de modo tal que o aparente sincretismo da matéria sobre a qual opera (a "problemática") conjuga-se à perfeição com as condições da sua operação (a intervenção profissional como reordenadora de práticas e condutas cotidianas).

É, porém, a modalidade específica da intervenção profissional dos assistentes sociais que contribui vigorosa e decisivamente, confluindo com os dois componentes que acabamos de pontualizar, para inscrever o Serviço Social no círculo de giz do sincretismo. No centro desta modalidade de intervenção situa-se, com invulgar ponderação, *a manipulação de variáveis empíricas de um contexto determinado*[24].

É pouco importante indagar em que medida o processo de intervenção profissional de fato realiza esta manipulação; o que conta é que ela se apresenta idealmente como o escopo do assistente social: toda operação sua que não se coroa com uma alteração de variáveis empíricas (sejam situacional-comportamentais, individuais, grupais etc.) é tomada como *inconclusa*, ainda que se valorizem seus passos prévios e preparatórios. O curso da intervenção profissional está dirigido para ela e *deve* resultar nela. Não por azar, o traço de *intervenção* do Serviço Social é freqüentemente identificado com uma tal alteração — que a formulação tradicional subsumiu na rubrica do "tratamento"[25].

Esta identificação possui inúmeras causalidades e não poucas implicações. Ela recupera para a profissão funções típicas das suas protoformas, nomeadamente o cariz emergencial de que se revestiu a assistência nos momentos cruciais do fim da primeira fase da Revolução Industrial (com seus movimentos de urbanização, migração e pauperização). Resgata certas características de pronto-socorro social, que inclusive escamoteiam o que Verdès-Leroux (1986: 9) anotou como "ausência quase completa de uma demanda social solvável". Serve como um demarcador profissional que contrasta o Serviço Social com outras disciplinas e tecnologias sociais.

---

24. Aqui, *manipulação* não recebe nenhuma conotação negativa; a palavra é empregada na sua acepção semântica de interferir para rearranjar.

25. O processo de desenvolvimento do Serviço Social mostra que esta identificação variou grandemente — da original alteração do comportamento individual e/ou familiar diante de um meio social considerado como adverso às mobilizações coletivas (dinamizadas pela interferência profissional) para concorrer em modificações sociais menos restritas. Em todo o processo, entretanto, permaneceu intocada a consideração de que a intervenção sobre variáveis empíricas é o alvo a ser perseguido e o signo da eficácia da intervenção.

Duas de suas implicações, no entanto, merecem destaque. A primeira é que ela demanda um conhecimento do social capaz de mostrar-se diretamente instrumentalizável. Menos que uma reprodução veraz do movimento do ser social, extraída da análise concreta de formas sociais determinadas, o que a intervenção manipuladora reclama freqüentemente são paradigmas explicativos aptos a permitirem um direcionamento de processos sociais tomados segmentarmente. É visível a compatibilidade desta necessidade com a vertente teórico-cultural que funda as ciências sociais, inaugurada com o pensamento da matriz positivista; retornaremos, adiante, a esta problemática; por agora, basta assinalar esta compatibilidade e salientar que ela disponibiliza, à partida, o sistema de saber que referencia o Serviço Social aos mais variados influxos empiricistas e pragmáticos[26].

A segunda, intimamente associada à anterior, diz respeito à *reposição intelectual do sincretismo*: se a instância decisiva da intervenção profissional é a manipulação de variáveis empíricas, todas as linhas de análise lógico e formal-abstratas e todos os procedimentos técnicos se legitimam na consecução do exercício manipulador. O que concorre funcionalmente para esta finalidade é validado profissional e intelectualmente, independentemente do seu estatuto original (teórico ou interventivo). A conhecida máxima de Molière — *Je prends mon bien ou je le trouve* — ganha aqui o estatuto de cânone profissional. É supérfluo fazer notar que o sincretismo, na sua reposição intelectual, traz como inevitável acólito o ecletismo teórico — voltaremos, adiante, também a este ponto.

2.3. O sincretismo e a prática indiferenciada

No limite, a vertente heurística que se está explorando debita a estrutura sincrética do Serviço Social à sua peculiaridade operacional enquanto prática, sem o suporte de uma concepção teórico-social matrizada no pensamento crítico-dialético.

---

26. Com freqüência, a crítica ao empirismo e ao pragmatismo do Serviço Social perdeu de vista que suas fontes não se esgotam nas influências teóricas exercidas sobre a profissão, mas, com evidente profundidade, mergulham raízes neste componente da sua prática, determinado socialmente.

Não se ignoram, nesta argumentação, as distinções que demarcam o Serviço Social profissionalizado das suas protoformas, que remetem ao assistencialismo, e que já se mostram nítidas na terceira década do século XX (cf. Lubove, 1977). O lapso que vai dos esforços dos pioneiros, no final dos anos dez, ao período da Segunda Guerra Mundial assinala claramente essas linhas divisórias — da primeira codificação dos procedimentos diagnósticos à especialização na formação profissional e à circunscrição de campos profissionais[27]. Vale dizer: o processo de afirmação e desenvolvimento do Serviço Social teve como corolário — aliás, conforme se notou atrás, intencionalmente perseguido por seus atores profissionais — o estabelecimento das suas fronteiras em relação às atividades filantrópicas, basilares nas suas protoformas.

Esse processo é nitidamente verificável em quatro níveis, todos diversamente inter-relacionados. Primeiro, o cuidado, sempre mais visível, em recorrer às contribuições do pensamento que vinham com a chancela das ciências sociais. Segundo, o empenho em generalizar uma sistemática orgânica para a formação profissional[28]. Terceiro, o esforço para produzir uma documentação própria[29]. E, quarto, a vinculação crescente das intervenções a formas de organização institucionais e públicas. A concorrência destes vetores, posta a demanda nas refrações da "questão social", materializou, com esta, o duplo dinamismo, referido anteriormente, que estatuiu o Serviço Social como profissão.

No entanto, essa profissionalização, se alterou de modo significativo a *inserção sócio-ocupacional* do assistente social (e o próprio *significado social* do seu trabalho) em comparação com aquela do agente assistencialista não profissionalizado, pouco feriu a forma da estrutura da *prática profissional interventiva*, em comparação com a prática filantrópica. Mais precisamente: a profissionalização criou um ator *novo*

---

27. A codificação referida é a que aparece em Richmond (1950); para registrar como, no período posterior à viragem psicologista, começou-se a enfatizar a especialização nas escolas norte-americanas, cf. a discussão sobre currículos resumida por A. Kaduschin (in Kahn, org., 1970) e o depoimento de Maria Josephina Rabello Albano (in Alves Lima, 1983); para a circunscrição dos campos — então listados como: família, menor, escolar, psiquiátrico, médico-social, correcional, grupo e comunidade —, recorrer a Finck (1949) e Bartlett (1976: 16 e ss.).

28. Neste aspecto, tudo indica a saliência que se deve atribuir à *Conferência de Milford* (1929).

29. À parte os juízos que se possam emitir sobre a *qualidade* desta documentação, cabe referir que desde os anos trinta ela é abundante. Nesse sentido, aparece como infundada a noção, tão difundida, da parqueza de registros no Serviço Social.

que, alocado ao atendimento de uma demanda reconhecida previamente, não desenvolveu uma operacionalização prática substantivamente distinta em relação àquela já dada. A assertiva é polêmica e requer aclarações.

A profissionalização instaurou idealmente um quadro de referência e de inserção prático-institucional que cortou com as protoformas do Serviço Social. A representação intelectual do processo social, das mazelas que nele comparecem, das requisições técnicas que seu diagnóstico e tratamento reclamam etc. — estes passos, formalizados pelo assistente social, apenas episodicamente encontram-se nos agentes assistencialistas. A validação efetiva destes passos, todavia, permaneceu jungida à mesma eficácia que validava a prática assistencialista — a eficácia na manipulação de variáveis empíricas, no rearranjo da organização do cotidiano. Se, *idealmente*, a profissão colocou as bases para uma peculiar intervenção sobre as refrações da "questão social", *faticamente* esta intervenção não se ergueu como distinta. Noutros termos: a forma da prática profissional, *nas suas resultantes*, não obteve um coeficiente de eficácia capaz de diferenciá-la de outras práticas, profissionais ou não, incidentes sobre a mesma problemática[30].

Existe aqui, no mínimo, um paradoxo, e ele pode ser formulado da seguinte maneira: como uma intervenção, idealmente referenciada por um sistema de saber e enquadrada numa rede institucional, revela-se factualmente pouco discriminada e particularizada em face de intervenções cujo referencial é nebuloso e cuja inserção institucional é aleatória? Entendemos que a resolução deste aparente paradoxo deve ser buscada em duas ordens de razões: as condições para a intervenção sobre os fenômenos sociais na sociedade burguesa consolidada e madura e a funcionalidade do seu Estado no confronto com as refrações da "questão social".

É próprio da sociedade burguesa — à base nuclear do fetichismo mercantil (Marx, 1983a, I, 1: 70-78) — instaurar uma pseudo-objetividade (o termo é de Kosic, 1969) como padrão fenomênico de suas relações. Esta *positividade*[31], no plano intelectual, responde pelo avil-

---

30. Este *fato* — a que está fortemente conectada a valoração social do Serviço Social — nem de longe esgota ou resume as implicações que as modalidades práticas da intervenção tiveram (e têm) nas determinações imanentes da profissão.
31. Para a discussão da positividade "como o padrão geral de emergência do ser social na sociedade burguesa constituída", cf. Netto (1981b: 73 e ss.).

tamento da razão teórica, que se cinde nos pólos, tão complementares como opostos, do irracionalismo, que Lukács (1968) figurou como "a destruição da razão", e da razão formal-burocratizada, que Coutinho (1972) sinalizou como "a miséria da razão". Essas duas vertentes intelectuais têm como denominador comum a *capitulação* em face dos problemas de fundo colocados pelo movimento social real; diferencia-as, porém, particularmente o fato de a segunda oferecer um arsenal de instrumentos de manipulação para o controle de níveis singulares da dinâmica social[32]. Este repertório técnico tem a sua racionalidade hipotecada às regularidades sociais epidérmicas da ordem burguesa — *ele é, essencialmente, a transcrição imediata destas ao plano do pensamento formal-abstrato*. Por isso mesmo, nos períodos onde a reprodução das relações sociais se dá sem a reversão crítica do seu processamento estável (ou seja, *fora* das situações de crise), a sua articulação teórica e a sua instrumentação prática — tanto os seus sistemas de saber quanto os seus instrumentos técnicos — revelam-se sincronizados à epiderme do movimento social e aptos quer a fornecer dele uma explicação coerente, quer a encontrar formas interventivas com graus variáveis, mas efetivos, de eficácia[33].

Num caso como noutro, na explicação como na intervenção, este referencial não rompe com a positividade com que se apresentam os processos sociais na moldura societária burguesa — não a rompe, fundamentalmente, porque não supera a sua *imediaticidade* (Lukács, 1967 e 1974: 15-40 e 97-126). No plano da articulação teórica, ultrapassa o senso comum com uma formulação sistemática, entretanto sem desbordar o seu terreno; no plano da intervenção, clarifica nexos causais e identifica variáveis prioritárias para a manipulação técnica, desde, porém, que a ação que sobre elas vier a incidir não vulnerabilize a lógica medular da reprodução das relações sociais.

Quando estas condições rebatem num âmbito prático-profissional que goza de subalternidade técnica e está alocado primordialmente

---

32. À *miséria da razão* vincula-se a tradição sociológica que, arrancando especialmente de Durkheim, vai derivar no funcionalismo e no estrutural-funcionalismo norte-americanos, bem como no estruturalismo que, mais recentemente, penetrou as ciências sociais.

33. Mesmo em conjunturas agudas de crise, quando se deflagram políticas sociais de largo alcance para repor a reprodução das relações sociais sobre novo patamar, mas no *interior* do marco burguês, este repertório técnico revela igualmente o seu potencial de eficiência — veja-se, por exemplo, o expressivo balanço do *New Deal* em Huberman (1966).

à execução programática, torna-se flagrante que este âmbito sequer capitaliza os eventuais êxitos da intervenção — eles tendem a deslocar-se para as instâncias deliberativas (de decisão política macroscópia) que assumem publicamente a responsabilidade pelos programas. No plano da ação, seus efeitos tendem a ser capturados pelo conjunto de (micro) intervenções que operam no mesmo sentido, sejam profissionais ou não — e sabe-se que, em conjunturas emergenciais, há uma convergência de todas elas.

Por tudo isso, a prática profissionalizada do Serviço Social, enquadrada nas condições acima referidas, não redundou, historicamente, num complexo operacional que, em suas resultantes, oferecesse sólidos respaldos para discriminá-la no confronto com suas concorrentes no trato das refrações da "questão social".

Há mais, todavia: a imersão do aparato estatal burguês no enfrentamento dessas refrações, pela via privilegiada, mas nunca exclusiva, das políticas sociais, *não pode* ter como objetivo a sua resolução. Ademais das dimensões eminentemente políticas aí envolvidas (do exercício de coerção de classe à função sócio-coesiva, que se põe no plano da hegemonia que garante a direção pelo consenso[34]), sua natureza de partícipe do jogo econômico, conatural à sua essência de classe[35], impede-o compulsoriamente de ir mais além de regulações que reequacionem as condições, setoriais e globais, adequadas à reprodução das relações sociais burguesas — logo, sua intervenção tende a ressituar, *sobre bases ampliadas*, as refrações da "questão social", mas nunca a promover a sua eversão. Se esse modo de intervir ganha relevância em face de conjunturas críticas agudas, nos lapsos em que elas não se manifestam a ação estatal — inclusive por efeito de mecanismos de emergência recente, como o que O'Connor (1973) chamou de "crise fiscal do Estado" — tende a conformar uma cronificação das refrações da "questão social"[36].

---

34. Não é este o lugar para debater a complexa dialética estatal coerção/coesão; para abordagens específicas cf. Gramsci (1975, I: 56-57, II: 763-764, S76), Cerroni (1976), Coutinho (1985) e Netto, in Lênin (1987); para uma abordagem panorâmica desta discussão na tradição marxista, cf. Carnoy (1986).

35. Com ou sem equívocos, a retomada deste aspecto *econômico* da intervenção do Estado nos planos político-sociais, devemo-la, contra a maré politicista, aos chamados "derivacionistas", nomeadamente Hirsch (cf. Holloway e Picciotto, orgs., 1978).

36. Cronificação que, contemporaneamente, parece ter levado à exaustão as projeções mais caras ao *Welfare State*. Elementarmente, esta cronificação está ligada à "onda longa" depres-

A incidência dessa modalidade interventiva do Estado burguês nas refrações da "questão social", acoplando-se às condições gerais da intervenção social na sociedade burguesa consolidada e madura, completa o quadro que responde pelo aparente paradoxo formulado atrás: à prática profissional do Serviço Social é creditada a continuidade das reproduções (ou da cronificação) das refrações da "questão social" que, em verdade, dizem respeito à lógica dominante (mas não única) de todas as intervenções institucionais. Este crédito é tanto mais comprometedor quanto mais o desempenho dos profissionais aparece colado a agências estatais.

A conjunção das duas ordens de fenômenos, é evidente, não subordina apenas o exercício do Serviço Social — pense-se no batalhão de "trabalhadores sociais" envolvidos, por exemplo, nas políticas sociais. Porém, é sobre ele que mais acumula tensões, posto que, como vimos, a sua intervenção seja aferida *faticamente* por suas resultantes empíricas. Ora, nas condições dadas pelos parâmetros que balizam a sua operacionalização, o máximo que se obtém com seu desempenho profissional é uma *racionalização* dos recursos e esforços dirigidos para o enfrentamento das refrações da "questão social". Cria-se, então, o anel de ferro que aprisiona a profissão: cortando com as práticas das suas protoformas, não se legitima socialmente por resultantes muito diversas. A sua prática, orientada por um sistema de saber e inserida institucionalmente no espectro da divisão social (e técnica) do trabalho, não vai muito além de práticas sem estes atributos.

O limite, como se verifica, não é endógeno ao Serviço Social — o paradoxo aludido é aparente porquanto se dissolve quando analisada a sua raiz nas condições sociais da intervenção institucionalizada na sociedade burguesa consolidada e madura. Mas ele se apresenta *como se* fosse endógeno ao Serviço Social na medida em que este tem a sua funcionalidade sócio-profissional explicitada no tratamento — freqüentemente requisitado como rigoroso e "científico" — das refrações da "questão social".

É no campo de tensões configurado aqui que emergem vários dos componentes que parecem fornecer, continuamente, o combustível para

---

siva tematizada por Mandel (1976); sua tipificação canônica, enquanto esgotamento das ilusões do *Welfare State* aparece na *reaganomia* (Perlo, 1983), inclusive com seus efeitos extranacionais (Kucinski e Branford, 1987: 168 e ss.). Uma abordagem instigante sobre Serviço Social, políticas sociais e *Welfare State* encontra-se em Galper (1975).

recorrentes crises de "identidade" profissional do Serviço Social[37]. Vale mencionar os mais permanentes, mesmo que sem esgotá-los. Do lado da sua clientela imediata, toda a validação profissional tende a ser promovida no interior de uma moldura que derroga a base própria da profissionalização — a moldura das suas protoformas filantrópicas. Do ângulo dos seus financiadores diretos, a sua legitimação torna-se variável da sua funcionalidade em relação aos objetivos particulares que colimam. Do ponto de vista da estrutura institucional, é tanto mais requisitado quanto mais as refrações da "questão social" se tornam objeto de administração, independentemente da sua modalidade de intervenção. Da parte dos outros tecnólogos sociais, aparece situado como o vetor do jogo multiprofissional mais próximo à clientela imediata. E, na perspectiva dos teóricos ("cientistas") sociais, surge como a profissão da prática.

Em qualquer desses casos, o que resulta é que a *especificidade* profissional converte-se em incógnita para os assistentes sociais (e não só para eles): a profissionalização permanece um circuito *ideal*, que não se traduz *operacionalmente*. As peculiaridades *operacionais* da sua prática não revelam a profissionalização: tudo se passa como se a especificação profissional não rebatesse na prática — o específico prático-profissional do Serviço Social mostrar-se-ia na fenomenalidade empírica como a inespecificidade operatória[38]. Em suma: a profissionalização, para além de estabelecer a referência ideal a um sistema de saber, teria representado apenas a sanção social e institucional de formas de intervenção (por isso mesmo, agora implicando preparação formal prévia para o seu exercício e remuneração monetizada) pré-existentes, sem derivar numa *diferenciação* operatória, mesmo que implicando em efeitos sociais delas diversos.

O anel de ferro torna-se mais abrangente — e constrangedor. Às resultantes empíricas acrescem-se as valorações sociais, intelectuais e institucionais. Somam-se a subalternidade técnica e o trato executivo (administrativo) da problemática social. Tudo isso reflui sobre a práti-

---

37. Num estudo recente, Martinelli (1989) enfoca engenhosamente o problema da identidade do Serviço Social, abordando aspectos diferentes dos que são tematizados aqui.

38. É sabido que boa parte das críticas dirigidas ao Serviço Social tradicional pelo chamado movimento de reconceptualização bateu forte nesta tecla. Ademais, há pesquisas que permitem vislumbrar como os atores profissionais experimentam este dilema (Serra, 1983 e Weisshaupt, org., 1985).

ca profissional e os seus agentes, que se vêem requisitados para um papel social cujo conteúdo difuso só pode ser preenchido através de uma aparente polivalência que exaure qualquer diferenciação prático-profissional[39]. A *polivalência* aparente é a mais nítida conseqüência da peculiaridade operatória do Serviço Social — *v.g.*, da sua intervenção indiferenciada. E, sobretudo, a expressão cabal do sincretismo que penetra todos os interstícios da sua prática.

É de valia observar que o traço polivalente não exclui o fato de segmentos significativos, no bojo da categoria profissional, terem desenvolvido práticas (e elaborações formal-abstratas a elas pertinentes) referenciadas a *campos* delimitados de intervenção ou, ainda, a *âmbitos* circunscritos[40] — como o atesta a ênfase, saliente em algumas oportunidades no desenvolvimento do Serviço Social e em alguns países, na especialização dos assistentes sociais[41]. A aparente polivalência, porém, não só coexiste com este fenômeno: construiu-se histórica e socialmente tendo-o por alicerce, na mesma proporção em que ele não chegou a reunir uma gravitação tal que lhe permitisse definir, institucional e praticamente, um papel profissional consistente. A análise dessa gravitação irrelevante extrapola os interesses da argumentação aqui expedida[42].

---

39. Os problemas desta aparente polivalência se entremostram, por exemplo, nas críticas aos profissionais tradicionais efetuadas pelo chamado movimento de reconceptualização e pelos adeptos norte-americanos do "Serviço Social radical" (Galper, 1986).

40. Campos e âmbitos são determinações distintas, mas imbricadas: pela primeira, entenda-se a área de refrações da "questão social" (como, por exemplo, aparece na discriminação contida na nota 27); pela segunda, entenda-se o arco de sujeitos sobre os quais incide a intervenção (indivíduos, grupos etc.).

41. Nos Estados Unidos, o nível alcançado pela especialização dos profissionais teve implicações tamanhas que obrigou à busca, nos anos sessenta, de uma "base comum" para a profissão (Bartlett, 1976).

42. Mas cabe salientar que nossa perspectiva heurística contém indicações para uma tal análise. Esta deve ponderar, na apreciação da insuficiente gravitação mencionada, as seguintes variáveis: *a)* o caráter localizado das práticas segmentares, singularizado pela sua direta aderência a instituições cujo cariz advém da sua inserção numa estrutura sócio-cultural muito determinada (*v.g.*, a instituição psiquiátrica numa sociedade como a norte-americana pós-29); *b)* a nota explicitamente subsidiária do aporte do assistente social, numa intervenção comandada por outro agente profissional ou institucional (técnico ou delegado da autoridade); *c)* o conteúdo das elaborações formal-abstratas pertinentes a estas intervenções, tangencial em face do contributo das ciências sociais a elas referidas.

Efetivamente, a polivalência aparente e típica do Serviço Social não se configurou como uma opção profissional (ainda que o tenha sido, para alguns assistentes sociais, em momentos precisos da evolução da profissão). Antes, ela se plasmou como um padrão prático-empírico de procedimento dos profissionais, sob a pressão, fundamentalmente, de duas ordens de condicionantes: a expectativa social envolvente que rebatia sobre os primeiros encaminhamentos profissionais (herdada das suas protoformas) e o leque de recursos (materiais e técnicos) que havia que mobilizar para dar cumprimento à intervenção. Por outra parte, não são alheios a ela seja a inserção institucional dos assistentes sociais em estruturas burocrático-administrativas que lhes reservavam atribuições residuais e pouco claras, seja o fato de se referenciarem por um sistema de saber em cuja composição compareciam elementos heteróclitos (cf. *infra*).

O que importa situar com destaque, entretanto, é que a polivalência aparente não representa apenas uma interdição *prática* do circuito profissional *ideal*, posto que consagre, basicamente, a indiferenciação operatória. Consolidando-se como fulcro da imagem social do profissional, ela acabou por se converter num sucedâneo de *estratégia* profissional — possibilitou, entre outras formas de integração e inserção institucionais, a ocupação de espaços profissionais emergentes, quer pela audácia criadora de alguns assistentes sociais, quer pela labilidade funcional a eles atribuída por seus empregadores. Como tal, ela também serviu, enquanto suporte de uma eventual mobilidade profissional e empregatícia, para oferecer ao assistente social um contra-peso ao caráter *não-liberal* do seu exercício[43].

Destaque de relevo maior, no entanto, cabe ao que esta polivalência expressa: o sincretismo envolvido na prática do Serviço Social. É próprio da prática que se toma sincreticamente não somente a sua translação e aplicação a todo e qualquer campo e/ou âmbito, reiterando procedimentos formalizados abstratamente e revelando a sua indiferenciação operatória. Combinando senso comum, bom senso e conhecimentos extraídos de contextos teóricos; manipulando variáveis empíricas segundo prioridades estabelecidas por via de inferência teórica

---

43. Até mesmo nos Estados Unidos, práticas profissionais de cariz liberal não são a regra, já que "o assistente social tem sido um funcionário que opera em agências específicas" (Bartlett, 1976: 22).

ou de vontade burocrático-administrativa; legitimando a intervenção com um discurso que mescla valorações das mais diferentes espécies, objetivos políticos e conceitos teóricos; recorrendo a procedimentos técnicos e a operações ditadas por expedientes conjunturais; apelando a recursos institucionais e a reservas emergenciais e episódicas — realizada e pensada a partir desta estrutura heteróclita, a prática sincrética põe a aparente polivalência. Esta não resulta senão do sincretismo prático-profissional: nutre-se dele e o expressa em todas as suas manifestações.

A prática sincrética, contudo, tem irradiações de outro alcance que o traço polivalente. Enquanto se mostra o padrão recorrente do exercício profissional, não só se apóia em parâmetros sincréticos: *contamina mediatamente os parâmetros teóricos e culturais que o referenciam*. A pouco e pouco, a sua estrutura sincrética penetra esses parâmetros: a prática sincrética tanto faz emergir elaborações formal-abstratas sincréticas quanto as requisita.

O desenho apenas esboçado do Serviço Social começa a ganhar contornos menos sombreados. Convergem para a prática sincrética vetores múltiplos: as condições de intervenção determinadas pelas refrações da "questão social"; o referencial das ciências sociais gestadas na razão tornada miserável; a continuidade, erguido o Serviço Social como profissão, das expectativas típicas que envolviam as suas protoformas; a inserção peculiar na divisão social (e técnica) do trabalho, etc. A prática sincrética resolve-se no marco da imediação e da pragmática constitutivas da intervenção que tem como horizonte o espaço do cotidiano: na indiferenciação operatória, subsume-os e cristaliza um padrão de procedimento do qual a profissionalização é menos um regulador efetivo que uma construção reflexiva (*constructo*). Como a sua eficácia não está hipotecada a exigências de rigor e congruência, mas ao êxito de determinadas manipulações sobre variáveis empíricas, esta prática translada ao complexo profissional o sincretismo nela privilegiado.

Se, originalmente, o sincretismo permeia a prática profissional do Serviço Social como derivação das condições (histórico-sociais e teórico-ideológicas) da sua emergência, consolidado o Serviço Social como profissão a dinâmica passa a ter como suporte a sua prática: seu peculiar sincretismo prático condiciona largamente o sincretismo de suas representações.

2.4. Serviço Social como sincretismo ideológico[44]

O sincretismo ideológico acompanha a *inteira* evolução do Serviço Social, estando presente das suas protoformas aos seus estágios profissionalizados mais desenvolvidos e especializados. Não casualmente, é um dos traços constitutivos menos analisados do processo da profissão e que só tardiamente foi apreciado pelos assistentes sociais[45].

Uma revisão da bibliografia crítica pertinente ao tema[46] mostra que, com poucas variações, remete-se o arcabouço ideológico do Serviço Social ao *ethos* burguês, pontuando a sua matização pelo lastro do pensamento conservador e a sua determinação pela influência católica romana (com especial relevo para as expressões da Doutrina Social da Igreja, a partir das formulações de Leão XIII). Não há dúvidas de que, numa aproximação genérica e abrangente, este enfoque tem calços na realidade. Mas a sua insuficiência é flagrante, devida em grande parte à

---

44. O campo semântico de *ideologia* é incorporado aqui tal como se apresenta em Lukács (1967). Com outras nuances, caberia referir à *visão social de mundo* (ideológica), tal como a conceptualiza Löwy (1987: 11 e ss.).

45. Salvo erro nosso, a abordagem específica deste sincretismo surge, no interior da profissão, apenas com o chamado movimento de reconceptualização — aliás, e apesar de todos os seus equívocos e simplificações, a *crítica ideológica* por ele iniciada pontualiza uma inflexão duradoura na história profissional.

O primeiro contributo formal, nessa direção, partiu, em 1966, de Herman Kruse, com um breve artigo então publicado em *Cristianismo y Sociedad* (posteriormente recolhido em Kruse, 1967), no qual o autor uruguaio punha em questão os "valores" do Serviço Social. Em seguida, sucederam-se várias intervenções, entre as quais merecem menção, pelo destaque de que desfrutaram, à época, as de Faleiros (1972) e as do coletivo argentino Ecro, ulteriormente sintetizadas em Ander-Egg et alii (1975). São contribuições de caráter e nível distintos. Em todas, porém, registram-se formulações que não dão conta da *labilidade* ideológica do Serviço Social e não contemplam as *mudanças* ideológicas verificadas na sua evolução.

Não se pode deixar de assinalar que limitações deste gênero conduziram, em certa bibliografia reconceptualizada, a vulgarizações e simplismos contristadores; as amostras são inúmeras — basta-nos evocar Gómez e Macías (1973).

46. Que, além das fontes já citadas, envolve: Vv. Aa. (1971), Kisnerman (1973), Lima (1975), Alayón et alii (1976), Lima (1979), Fernandes (1980), Aguiar (1982), Iamamoto (1982) e Castro (1984). Para mapear o tratamento recebido pela temática na virada dos anos sessenta, é fundamental o recurso a dois periódicos latino-americanos da época: *Hoy en el Trabajo Social* e *Selecciones de Servicio Social* (ambos editados em Buenos Aires, respectivamente por Ecro e Humanitas).

Fora da discussão latino-americana, são fontes para o debate da questão a revista *Champ Social*, já citada, e, ainda, a larga relação de periódicos norte-americanos e ingleses que, nos anos setenta, filtraram a polêmica do Serviço Social radical (Galper, 1986).

sua generalidade: deixa de distinguir as modificações que o arcabouço ideológico tem nas próprias origens profissionais do Serviço Social, as ocorrentes em momentos diferenciados da sua evolução e, mais ainda, perde de vista que a remissão quase exclusiva à Doutrina Social da Igreja é inepta para dar conta da evolução profissional — tão importante sob todos os aspectos — nos países de tradição protestante[47], além de não oferecer elementos que permitam compreender a incorporação de componentes ideológicos ausentes no referencial cultural original do Serviço Social[48].

Uma primeira operação necessária para deslindar o sincretismo ideológico do Serviço Social é aquela que aponta para a radical diferença entre o caldo cultural europeu, nomeadamente o continental[49], *e o norte-americano, em todas as etapas evolutivas da profissão até os primeiros anos posteriores ao fim da Segunda Guerra Mundial. Só a partir de então — e, assim mesmo, com cautelas analíticas — se pode falar de um processo tendencial de equalização do background cultural e ideológico do Serviço Social*[50]. Na verdade, das protoformas à consolidação da pro-

---

47. É extremamente rara a alusão ao caráter *protestante* da famosa *Charity Organization Society* norte-americana, à qual Richmond se vincula em 1889 (uma dessas alusões aparece em Kisnerman, 1976: 9). A relação de Richmond com o Unitarismo é evocada por Colcord e Mann na introdução que prepararam para o conjunto de escritos da autora de *Social Diagnosis* reunidos em Richmond (1930: 18), onde há textos que oferecem importantes indicações sobre as conexões entre seu pensamento e o pano de fundo protestante.

48. Não é este o lugar para esboçar a crítica da bibliografia referida; implicitamente, ela estará contida na argumentação subseqüente. Releva indicar que, dentre os autores citados, a dois não cabem plenamente estas reservas: Faleiros (1972; aí, há a rápida remissão a uma fecunda sugestão marxiana contida na *Miséria da Filosofia*) e Iamamoto (1982, com a alusão ao "reformismo conservador").

49. A ressalva (que, ademais, remete à Europa Ocidental) é prenhe de conseqüências, que não cabe desenvolver aqui — a situação inglesa tem peculiaridades que vão desde uma precoce organização dos trabalhadores em face do capital (recorde-se o papel do *cartismo,* que Engels chegou a considerar o primeiro partido proletário moderno) a uma particular diferenciação religiosa (da existência de uma Igreja oficial a veios insuspeitados no protestantismo que envolveu setores proletários); de qualquer maneira, uma coisa é clara: mesmo sendo berço da *COS* original (1869), a influência britanica no desenvolvimento do Serviço Social não é, em nenhuma medida, tão ponderável quanto a continental ou a norte-americana. Para fontes que atestam as peculiaridades inglesas, cf. Abendroth (1977), Hobsbawm (1987) e Thompson (1987); marginalmente, vale acrescentar que às peculiaridades inglesas não é alheio o surgimento de um reformismo singular, tipificado na *Sociedade Fabiana* (cf. Capítulo 1, seção 1.3), e que incidirá internacionalmente no revisionismo marxista (Gustafsson, 1975). Em Martinelli (1989) há interessantes informações acerca do contexto geral em que se desenvolve a *COS*.

50. Na raiz deste processo encontra-se a específica forma de viabilização que o hegemonismo norte-americano toma ao fim do conflito — primeiro pela via do Plano Marshall e, no

fissão, são claramente perceptíveis *duas linhas* na história ideológica do Serviço Social, a européia e a norte-americana[51]. A subsunção de ambas no *ethos* burguês, ou na identificação da sua funcionalidade à ordem capitalista, não colabora para a iluminação do processo de afirmação e desenvolvimento do Serviço Social — e, paralelamente, não auxilia à compreensão das diferenças *atuais* da profissão na América do Norte (Estados Unidos e parte do Canadá) e na Europa Ocidental[52].

Os componentes comuns às duas linhas evolutivas já estão minimamente mapeados na literatura profissional e a eles voltaremos brevemente. Interessa, agora, realçar os seus traços distintivos, particularmente das protoformas ao final dos anos vinte[53].

O desenvolvimento das protoformas do Serviço Social na Europa Ocidental prende-se a três fenômenos, *aliás desconhecidos no outro lado do Atlântico*: uma traumática herança de experiências revolucionárias, a forte presença de uma cultura social restauradora e o peso específico da tradição católica.

Deitando raízes na movimentação camponesa da baixa Idade Média (e que adentrou nos tempos chamados modernos, como o prova a guerra camponesa alemã, que teve amplas incidências no desdobramento da Reforma — cf. Engels, 1977 e Bloch, 1974), a experiência revolucionária da Europa Central e Ocidental, que sempre se vinculou com a *questão nacional*[54], é um rosário de conflitos abertos e de rara violência, que se fixou fundamente na consciência das massas e das

---

período da *guerra fria*, com o papel desempenhado pela OTAN; posteriormente, a forma elementar desse hegemonismo passou a transitar pelos canais da "integração econômica". É de notar, contudo, que este processo sempre se defrontou com fortes resistências, ainda hoje sensíveis.

51. Trata-se de linhas evolutivas que, nos seus contextos originais, ganharam a peculiar hegemonia que lhes permitiu modelar amplamente o perfil da profissão — mas cabe salientar que elas mesmas são resultantes de colisões entre tendências diferenciadas (o que é especialmente evidente no caso norte-americano; cf. Leiby, 1978 e Trattner, 1979).

52. Diferenças no grau de inserção do profissional nas estruturas institucionais e na comunidade acadêmica, no tipo de atribuições que lhe são conferidas, no padrão dos seus movimentos corporativos e na modalidade de referência às ciências sociais, bem como na espécie de elaboração formal-abstrata ("teorização") que produz.

53. Este lapso funda-se no corte que a década de vinte significa realmente: nos Estados Unidos, a crise de 1929; na Europa Ocidental, o aborto da revolução e a ascensão do nazifascismo.

54. Esta vinculação é constante, pelo menos, até 1848; aqui, inclusive, ela chega a seu clímax (Claudin, 1975).

elites. O ponto alto da sua curva (à parte os eventos ingleses de 1640 e 1688) é, indubitavelmente, o arco que liga 1789 a 1848 (Marx, 1986a e 1986b e Hobsbawm, 1977). A partir de então, o substrato efetivo dessas colisões vem à tona em toda a sua modernidade: 1848 assinalou, com a sua sangrenta crueza, a individualização dos dois protagonistas sócio-políticos que se punham antagonicamente em cena — a burguesia e o proletariado. Os pólos das lutas de classes contemporâneas, desde aí explicitados, aparecem com a sua fisionomia definida em 1870 (Marx, 1986b, Rosenberg, 1986 e Lefebvre, 1964). A brutalidade da reação burguesa, entrelaçada ao seu recurso aos odiados *junkers*, ficaria indelevelmente marcada na memória popular[55]. Indelevelmente marcado, contudo, também ficaria o "assalto ao céu" na lembrança das elites burguesas: na seqüência da Comuna, estas passaram a representar o movimento operário organizado e revolucionário como a encarnação da barbárie. E tanto mais crescia a articulação política dos trabalhadores — como ocorria na Alemanha, apesar da draconiana legislação anti-socialista —, mais as elites burguesas apelavam para a mentira, a difamação e a calúnia, numa sistemática luta para galvanizar a vontade política das classes e camadas sociais intermediárias. O projeto sócio-político burguês dominante, neste quadro, é fortemente antidemocrático, derivando para inclinações progressivamente direitistas, a que não são alheias impostações de cariz racista[56].

O caldo de cultura restaurador, que, efetivamente, surge nos desdobramentos da Revolução Francesa e se tonifica entre as jornadas de junho e o golpe de Luís Bonaparte, oferece, no último quartel do século, um conjunto muito denso de legitimações para o desempenho das elites burguesas. Nele convergem elementos muito heterogêneos, que só se soldam pela catalisação fornecida pela presença de um inimigo comum — o estandarte vermelho. De um lado, está o componente especificamente restaurador, que vem na senda aberta pelo reacionarismo de Bonald (influenciado pelos giros de Burke e com inspiração católica)[57]; de outro, o eixo que se constitui em torno da tradição republicana

---

55. O caráter antinacional da reação burguesa já vinha de antes; no entanto, a união dos versalheses com o coturno de Bismarck ofereceu a prova decisiva de que a *nação burguesa* só contempla o proletariado enquanto ator subalterno. Sobre este ponto, ver o clássico estudo de Bauer (1979) e o sintético ensaio de Ianni (1986).

56. O *affaire Dreiffus* é, quanto a isto, emblemático.

57. Uma interessante análise do pensamento de Burke e de Bonald é sintetizada por Nisbet (1982, 1987).

de direita, marcadamente laica; e, enfim, os elementos típicos do positivismo gaulês, que tanto rebatem no conservadorismo da nascente sociologia quanto na emergência de novas formulações espiritualistas[58]. Essa mescla cultural desaguará numa problemática toda ela comandada pela preocupação em estabelecer hierarquias sociais estáveis e polarizada pela noção de ordem[59]. Por isso mesmo, ela não vai apenas fornecer ao projeto sócio-político burguês dominante pós-Comuna conjunturais legitimações ideológicas; dar-lhe-á mais: as condições para articular um pensamento sócio-político que, invadindo o século XX, alimentará correntes direitistas — trata-se do *neotradicionalismo*[60].

É intercorrendo com o neotradicionalismo que vai se desenvolver a mais específica das vertentes ligadas à Igreja Católica, o *catolicismo social*[61]. De fato, o catolicismo social não obterá logo uma ressonância de porte na sociedade francesa[62]; a razão disto reside em que ele nada aportava ao núcleo ideológico requisitado pelas elites burguesas que não estivesse já contemplado no referido caldo cultural restaurador. E pelo menos um de seus elementos de conteúdo colidia, no último quartel do século XIX, com os projetos daquelas elites: o seu anticapitalismo romântico[63]. No entanto, é precisamente esse catolicismo social, que possui em Le Play uma figura central[64], que estará no coração mesmo das protoformas fran-

---

58. Pense-se, por exemplo, na obra de Allan Kardec.

59. O fato de esta cultura restauradora ter uma formulação especial na França, ressalte-se, não deve obscurecer a sua relação ideológica internacional, que é clarificada por Lukács (1968).

60. Para as relações de todos estes componentes heteróclitos e sua derivação no neotradicionalismo, bem como as expressões deste até os anos trinta, cf. Touchard, org., (1970, 1976). Na mesma fonte, há uma boa síntese das convergências e excludências entre as bases do neotradicionalismo e a vertente republicana e radical. Uma interessante, e muito polêmica, discussão sobre a refratariedade da Europa ao "moderno" está contida em Mayer (1987).

61. Sobre o catolicismo social na França, cf. Guillemin (1947) e Duroselle (1951).

62. As "tentativas de catolicismo social permanecem isoladas; não originam realizações espetaculares e não suscitam grande agitação na opinião pública" (Touchard, org., 1970: 111). A outra vertente significativa da intervenção social dos católicos franceses, o movimento *Sillon*, capitaneado por Marc Sangnier, distinguia-se do catolicismo social por uma maior receptividade (em comparação com ele) às demandas democráticas; não por azar, Pio X, em agosto de 1910, condenou-o formalmente.

63. Realçamos aqui só este elemento, mas não se pode menosprezar o fio anticlerical que percorria muito da produção de ideólogos conservadores franceses — e sem o qual não se compreendem inteiramente os conflitos que, na primeira década deste século, vão opor, na França, Estado e Igreja.

cesas do Serviço Social — e não só delas, mas no bojo da configuração profissional nessa região até, pelo menos, os anos quarenta.

Ora, comparado ao quadro europeu[65], o panorama norte-americano é estrutural e qualitativamente diverso[66]. Primeiro, as experiências revolucionárias não tinham peso sensível na história norte-americana: a ausência de instituições pré-capitalistas permitira, desde a colonização, um florescimento da ordem competitiva sem os embaraços, e os traumas, de colisões com uma ordem feudal — ao contrário da Europa, as relações capitalistas encontraram um espaço aberto para o seu desenvolvimento (um espaço, note-se, não apenas social, mas inclusive com uma fronteira físico-geográfica a ser franqueada). A Guerra da Independência, bem como as agressões bélicas expansionistas dirigidas contra o sul, não foram marcadas por insurgências de grupos sociais subalternos (estas só emergiriam episodicamente). O único traumatismo societário norte-americano conectou-se à escravatura[67]. Até a Guerra Civil, observações como as de argutos viajantes europeus (como

---

64. Sobre Le Play, cf. Touchard, org. (1970), o ensaio de R. Fletcher *in* Raison, org. (1971) e o texto de Nisbet ("Conservadorismo") in Bottomore e Nisbet, orgs. (1980). Dos textos mais importantes de Le Play, só temos conhecimento direto da sua monumental "pesquisa de campo" (Le Play, 1855-1859); mas, por referência indireta, destacamos a relevância da *Reforma Social na França* (1864).

Vale observar que a influência de Bonald sobre Le Play é direta e que há, em seu pensamento, ecos proudhonianos; a sua programática foi assim resumida: "A política está subordinada à moral e à religião; as reformas intelectuais e morais [são] mais importantes do que as reformas políticas e econômicas" (Touchard, org., 1970: 110).

Todas as indicações apontam no sentido de que, para avaliar com profundidade o referencial ideológico com que emerge, na França, o Serviço Social, é imprescindível um tratamento cuidadoso da obra e da influência de Le Play; o estudo de Almeida (1979), embora útil como crônica, não atende a esta requisição. Outro autor que, na mesma perspectiva merece exame atento, é Quételet — menos por seus "métodos" que por suas concepções acerca do "homem médio" e suas implicações para a ação societária. Sobre os dois pensadores, cf. o interessante estudo de Ewald (1986).

65. O quadro traçado centrou-se quase exclusivamente sobre a França, dado que é aí que se forja o referencial ideológico básico que enforma o Serviço Social europeu — e só neste sentido pode ser visto como o quadro continental. Para as diferencialidades nos outros países, cf. Barker (1947), Mannheim (1963), Epstein (1966), Lukács (1968), Marcuse (1969 e 1972), Touchard, org. (1970 e 1976), Raison (1971) e Crossman (1980).

66. São as seguintes as fontes para fundamentar esta argumentação: Huberman (1966), Hofstadter (1967; esta é uma obra indispensável para a compreensão da evolução cultural norte-americana), Bottomore (1970) e Crossman (1980).

67. A *questão indígena*, "solucionada" à bala, só passou a comover segmentos da sociedade norte-americana no século XX, a partir de revisões históricas empreendidas muito tardiamente.

Tocqueville, 1945), dando conta da evidência da democracia política, eram pertinentes, porque "havia na sociedade americana muitos problemas e injustiças, mas poucos problemas de grande importância. A escravidão era a exceção" (Bottomore, 1970: 21)[68]. O drama da guerra civil, apesar da sua magnitude, foi logo ultrapassado: a partir de 1865-1870, o desenvolvimento capitalista ganha uma aceleração inédita, num ciclo expansivo que só se esgotará na segunda década do século XX (Huberman, 1966).

É no imediato pós-guerra civil que se engendram as condições culturais elementares que, na virada do século, permearão as protoformas do Serviço Social. Estas condições expressam com fidelidade a atmosfera de então: à ausência de uma herança revolucionária traumática e ao vigor do desenvolvimento capitalista somam-se os embriões do que virá a ser o movimento reformista[69], constituindo-se nos *anos progressistas* (1900-1919)[70]. Tais condições, sumária mas inteligentemente analisadas por Coser (in Bottomore e Nisbet, orgs., 1980), assinalam a emergência de um bloco ideológico em que se fundem o fervor moral evangélico e a reflexão sobre a ordem social[71]. A inexistência de um influxo católico significativo neste caldo cultural[72] retira à sua dimensão filantrópica qualquer matiz arcaizante e, ao contrário, adequa-a,

---

68. Entretanto, as lutas negras não chegaram a abalar a sociedade branca, apesar da ação, nesta, do movimento abolicionista — prova-o o destino de Nat Turner (uma plástica refiguração da tragédia de Turner encontra-se em Styron, 1982).

69. Deixamos de mão, aqui, o *populismo* norte-americano; para a sua análise, cf. os materiais contidos em Ionescu e Gellner, orgs. (1970), bem como a informação contida em Ianni (1975).

Observa Bottomore que, "em meados da década de noventa, o populismo tinha fracassado como movimento político, mas muitas das críticas e das reformas por ele propostas foram reconsideradas por um novo movimento progressista" (Bottomore, 1970: 23; este "novo movimento" é o que será caracterizado como a "era progressista" — cf. Leiby, 1978).

70. O refluxo deste movimento está muito relacionado à violenta repressão que, logo após o fim da Primeira Guerra Mundial, foi desfechada contra os pensadores e publicistas progressistas (Preston, Jr., 1963).

71. Como Coser demonstra, "uma grande maioria dos sociólogos [...] estavam ligados, de uma maneira ou outra, à reforma social protestante e aos movimentos do Evangelho Social, que se desenvolveram rapidamente durante a Era Progressista" (in Bottomore e Nisbet, orgs., 1980: 380).

72. "[...] A América sempre foi uma nação protestante, moldada por instituições protestantes. [...] Era de se esperar que o catolicismo contribuísse com um caráter distinto no diálogo intelectual americano [...]. Na realidade, nada disso ele fez, pois não conseguiu desenvolver [...] uma tradição intelectual ou criar sua própria classe intelectual capaz de exercer autoridade

como quer a interpretação weberiana, ao individualismo liberal e ao espírito do capitalismo.

Ora, esse bloco ideológico é inteiramente distinto de caldo cultural europeu. As grandes determinações que vinculam a ambos numa mesma e ampla perspectiva teórico-cultural — a do *pensamento conservador*, com seu medular positivismo e seus traços pragmáticos e empiricistas — não podem subsumir a diferencialidade efetiva que os peculiariza. Esta reside, em última instância, na *apreciação* do desenvolvimento capitalista. O caldo cultural europeu estava travejado nitidamente por um viés anticapitalista, para o qual concorriam as experiências revolucionárias e os valores católicos[73]; as matrizes que compareciam no caldo cultural norte-americano ignoravam este viés, mesmo nas suas vertentes mais radicais[74]. A crítica sócio-cultural, na Europa, era obrigada a pôr em questão aspectos da socialidade burguesa; na América, o tipo de desenvolvimento capitalista não conduzia a crítica a checá-lo. No período que estamos enfocando, a síntese dessas diferenças pode ser resumida da seguinte maneira: nas fontes ideológicas das protoformas e da afirmação inicial do Serviço Social europeu, dado o anticapitalismo romântico, há um vigoroso componente de *apologia indireta* do capitalismo[75]; nas fontes norte-americanas, nem desta forma a ordem capitalista era objeto de questionamento.

---

entre os católicos e fazer-se mediadora entre a mentalidade católica e as mentalidades protestante e secular" (Hofstadter, 1967: 170-171).

73. Trata-se, naturalmente, do anticapitalismo *romântico*, esposado por vertentes restauradoras e estranho ao movimento operário, ainda que, persistentemente, e como signo da sua imaturidade e heteronomia, tenha rebatido sobre ele (cf. Marx e Engels, 1975: 87 e ss. e 1985b: 118). Sobre o anticapitalismo presente nas formulações da Doutrina Social da Igreja, cf. Cerroni, org. (1976: 137 e ss.); acerca do debate mais recente, sobre marxismo e religião, especialmente o cristianismo, cf. Garaudy (1965, 1966), Desroche (1968), Klugmann, org. (1969), Althusser (1978), Bordin (1987); para discussões de fundo, além do recurso a Marx e Engels (1965), cf. Heller (1975) e Lukács (1976-1981); um comentário breve e crítico encontra-se em Löwy (1991: 11-24).

74. Pense-se, por exemplo, no cariz da obra e no isolamento da vida de Veblen. A influência política da migração socialista, no século XIX, sobre a vida americana, foi muito restrita. Só a partir dos anos trinta do século XX houve alguma incidência do marxismo (recorde-se S. Hook e E. Wilson), mas este "não era aceito em larga escala e, acima de tudo, não havia sido criado qualquer sistema significativo de pensamento social marxista diretamente aplicado à sociedade e à cultura americanas" (Bottomore, 1970: 37). Sobre o pensamento socialista nos Estados Unidos, cf. Egbert e Persons (1952).

75. O conceito de *apologia indireta do capitalismo*, de fundamental importância para a análise das formas culturais e ideológicas da sociedade burguesa, foi apurado por Lukács (1968 e, sinteticamente, 1967).

São notáveis as conseqüências dessa profunda diferença para a emergência e a consolidação profissional do Serviço Social. Registraremos somente as suas marcas mais ponderáveis em três níveis distintos, embora entrelaçados.

No plano da intencionalidade do Serviço Social, o seu projeto de intervenção, que é medularmente *reformista*, mostra-se abertamente condicionado pela perspectiva em que se põe o desenvolvimento capitalista. Na angulação própria da apologia indireta, o reformismo tem projeções de natureza *restauradora* (o anacronismo das concepções organo-corporativas que aí comparecem lhe reforça um caráter de tônus reacionário). A intervenção se faz necessária para repor um padrão de integração social que é modelado por uma representação idealizada do passado — no limite, reside aqui, embrionariamente, uma das matrizes ideológicas que posteriormente refloresceriam em certas correntes cristãs: a atração por um capitalismo com formas societárias pré-capitalistas[76]. A moldura da intervenção é, basicamente, *ético-moral,* em duas direções: na do ator da intervenção (que deve restaurar a ordem perdida) e na do processo sobre que age (que deve ser recolocado numa ordem *melhor*). Onde não há ponderação da apologia indireta, o reformismo profissional é *modernizador*: a intervenção tem por objetivo um padrão de integração que joga com a efetiva dinâmica vigente e se propõe explorar as alternativas nela contidas — a ordem capitalista é tomada como invulnerável, sem o apelo a parâmetros pretéritos[77]. A moldura da intervenção se desloca visivelmente: o ator profissional é um prestador de serviços, que reclama uma remuneração e se apresenta como portador de uma qualificação técnica — sua intervenção é exigida pela natureza mesma da ordem vigente, cuja estrutura profunda é invulnerável e, deste ponto de vista, só deve ser objeto de juízos de fato.

---

76. Trata-se de uma modalidade de dilemas que permeará boa parte das formulações sócio-políticas contemporâneas de pensadores católicos, mesmo as mais progressistas.

77. Não é causal que Iamamoto (1982: 206) refira-se ao reformismo *conservador* pensando exatamente no universo teórico ideológico balizado pela "filosofia humanista cristã" européia. Não tenho dúvidas de que, tanto com o conteúdo restaurador como com o modernizador, movemo-nos no terreno do conservantismo *tout court*; mas a distinção permite concretizar incidências e implicações que permanecem veladas quando ela não é operada.

Fonte subsidiária para elucidar relações entre o conservantismo e as teorias sociais é o estudo de Trindade (1978).

A intervenção matrizada pelo anticapitalismo romântico, inerente à apologia indireta, defronta-se muito problematicamente com os referenciais "científicos" produzidos pelas ciências sociais. De uma parte, o positivismo que as enforma e atravessa parece-lhe repugnante[78]; de outra, é compelida a reconhecer nelas um mínimo valor cognitivo — daí a sua relação *ambígua* com o seu sistema de saber: necessário, mas insuficiente. O recurso ao sistema de saber é um tributo que se paga à ordem capitalista, com o seu "mecanicismo" e o seu "materialismo"; para as realidades "essenciais" da "pessoa humana", a via de acesso é outra: a solidariedade, a comunicação individualizada — enfim, a frieza "técnica" deve ser subsidiária do *animus* pessoal. Vale dizer: na intervenção permeada pelo caldo de cultura anticapitalista romântico, restaurador, o desprezo pela racionalidade teórica é comandado não por características que acompanham a intervenção (assistematicidade, empirismo etc.), mas por um visceral irracionalismo. Não há esta postura na perspectivação da intervenção indene dos vincos de anticapitalismo; aqui, ao contrário, a referência ao sistema de saber articulado no âmbito das ciências sociais é posta como compulsória e o sistema como material a ser necessariamente apropriado. O cariz modernizador desta vertente aparece com nitidez também neste nível: há uma valorização da orientação teórica, colocada a "ciência" como elemento próprio da contemporaneidade[79]. O reconhecimento da insuficiência da teoria não passa pelo conduto da suspeição; antes, mostra-se como assunção ("científica") da natureza relativa de todo conhecimento racional.

---

78. É supérfluo pontuar que o objetivismo e o racionalismo formal próprios às impostações positivistas (e neopositivistas) repugnam ao humanismo cristão tradicional. Contudo, daí não se pode inferir a ausência de lastro positivista (ou neopositivista) no Serviço Social marcado pelo catolicismo — basicamente porque os vieses positivistas (e/ou neopositivistas) não se eliminam com o acoplamento, ao saber produzido pelas ciências sociais autônomas, de uma *intencionalidade* que lhe é alheia. Aceitar que esta intencionalidade rompe com a tradição positivista (como, equivocadamente, parece fazer Souza Vieira, 1987) não é apenas operar com uma visão esquemática do que sejam as incidências positivistas e neopositivistas: é tratar acriticamente o sincretismo do Serviço Social e acatar como índice de veracidade teórica a auto-representação dos seus protagonistas (cf. *infra*).

79. Isto não significa, porém, uma atitude *pessoal* (do profissional) diretamente valorizadora da razão; também aqui, o antiintelectualismo da cultura norte-americana marca a sua presença, como se pode vislumbrar no comentário de Bartlett (1976: 38-39) sobre as "atitudes antiintelectuais".

Enfim, outra divisória demarca cristalinamente as duas linhas que estamos tematizando: a consideração da *res publica*. No organo-corporativismo característico da tradição anticapitalista romântica, as expressões institucionais modernas, específicas da vida capitalista, são amplamente desqualificadas em favor de formas idealizadas pré-industriais e pré-urbanas. É típica, nesta vertente, a negação das realidades estatais — efetivamente, o que aqui se oferece é a opção (reacionária e restauradora) pelo primeiro termo da mistificada antinomia comunidade-sociedade[80]. A tradição que não padece dos vincos anticapitalistas românticos revela-se, neste plano, muito congruente com a gestão capitalista da vida social: as instituições públicas — com o aparato estatal reduzido ao complexo governativo-administrativo — não aparecem como excrescências, mas como necessidades autênticas do desenvolvimento social e, antes que negá-las, há que encontrar mecanismos de participação no seu jogo. Daí, pois, a sua precoce disponibilidade a acoplar-se a aparelhos públicos e as neles integrar-se funcionalmente.

Trata-se, como se constata, de dois *backgrounds* com perfis, características e implicações muito particulares, que, no limite, respondem pelo diferente processo evolutivo — das protoformas à profissionalização — do Serviço Social na Europa e nos Estados Unidos[81]. Entretanto, em si mesmas, essas duas vertentes apresentavam-se como estruturas profundamente compósitas, já sincréticas originalmente.

O sincretismo da tradição européia estava dado no amálgama que buscava fusionar uma postura restauradora com algum grau de legitimidade na intervenção[82]. Imanentemente, o anticapitalismo romântico debate-se entre a extrema restauração (que lhe conferiria a natureza de um reacionarismo integral) e soluções intermédias que, obrigatoriamente, implicam no sincretismo ideológico (expresso, no plano das opções sócio-políticas, pela programática *negativa* do "nem capitalismo, nem comunismo" — o *terceiro caminho* na prática e na projeção políticas,

---

80. Cf. a interessante disquisição que, sobre esta opção, faz Iamamoto (1982: 203 e ss.). Para uma cuidadosa e exaustiva análise da contribuição de Toennies, que tornou "clássica" a antinomia, cf. Lukács (1968: 476 e ss.).

81. Para uma comparação entre os traços distintivos deste processo evolutivo, cf. a síntese histórica apresentada por Verdès-Leroux (1986, cap. 1) e o quadro geral que se extrai de Leiby (1978, caps. 9 e ss.).

82. A tardia, e comparativamente débil (em relação aos Estados Unidos), institucionalização da profissão na Europa é, quanto a isto, ilustrativa.

com todas as suas conseqüências teóricas e ideológicas — cf. Lukács, 1967). Na medida em que não derivou no reacionarismo integral — este seria, de fato, o rumo de Maurras e da *Action Française*[83] —, o catolicismo social incorporou as seqüelas sincréticas que, aliás, não são apanágio exclusivo seu, porém mazelas a que não pode fugir todo arcabouço cultural que pretende que a ordem competitiva não derrua as instituições que eram o pressuposto das organizações sociais precedentes.

A tradição americana, igualmente, está atravessada pelo sincretismo, mas não o que afeta o anticapitalismo romântico[84]. O sincretismo, aqui, está inscrito na configuração de um pragmatismo intelectual que deve atender a duas demandas de sentido diverso: de uma parte, deve produzir a sua legitimação racional num meio sociocultural muito infenso às elaborações intelectuais[85]; de outra, deve construir-se sob uma pressão religiosa (protestante) a que não pode contrariar, sob pena de fortes sanções sociais[86]. Se se recorda que, no período que estamos enfocando, o principal influxo que recebe a reflexão centrada sobre a sociedade, nos Estados Unidos, provinha do evolucionismo spenceriano[87], não é difícil visualizar o malabarismo intelectual exercitado

---

83. Sobre a *Action Française*, cf. Weber (1964); sobre o pensamento do seu animador, cf. Maurras (1937).

84. Não desconhecemos, na cultura norte-americana, a existência de um veio assemelhado — evoque-se, por exemplo, Thoreau (1984). Mas se trata de uma corrente de escassa influência no período de que nos ocupamos (observações importantes sobre o transcendentalismo a que Thoreau conectou-se encontram-se em Bogomolov, 1979: 7 e ss.).

85. O arraigado *antiintelectualismo* da cultura norte-americana (tão brilhantemente analisado por Hofstadter, 1967) não se assemelha ao irracionalismo que se desenvolve na Europa Ocidental especialmente depois de 1848; insere-se, antes, na vertente da "razão miserável". É por isto que, no desenvolvimento posterior das correntes filosóficas vinculadas à razão empobrecida, principalmente a partir dos anos cinqüenta e sessenta, registra-se um renovado interesse por pensadores norte-americanos que se, até então, haviam passado quase despercebidos, revelam-se agora, sob a luz do pensamento que responde à praxis manipuladora, importantes e significativamente antecipadores — este parece ser o caso específico de Peirce (para comprová-lo, cf. Bernstein, 1979).

86. Quanto a isto, o competente Morris R. Cohen chega a aludir ao "braço mortífero do seminário teológico", lembrando que, nas universidades norte-americanas, durante muito tempo, "considerou-se absolutamente normal a subordinação de todas as ciências aos dogmas teológicos" (apud Bogomolov, 1979: 2).

87. Isto vale tanto para a reflexão filosófica (pense-se em John Fiske) quanto para a nascente sociologia (escreve Coser, in Bottomore e Nisbet, orgs., 1980: 386-387: "[...] A geração de Sumner e Ward estava sob a atração da obra de Herbert Spencer e dos darwinistas sociais").

pelos seus pensadores e ideólogos. Se na multifacética obra de Peirce as colisões se revelam num alto patamar de abstração[88], é nas construções — muito mais influentes diretamente na cultura norte-americana em geral e na emergência do Serviço Social em particular — dos sistematizadores do pragmatismo, W. James e Dewey, que elas encontram expressão privilegiada[89]. Ao contrário, porém, do que sucedeu no cenário europeu (onde, graças às ponderáveis formas organizativas e políticas dos movimentos operários e socialistas, persistiu e resistiu um significativo nível de luta ideológica e confronto intelectual), no panorama norte-americano este sincretismo imperaria praticamente sem se defrontar com interlocutores de porte e audiência até quase a metade do século XX[90].

Essas duas tradições cultural-ideológicas são as que penetram as protoformas e as primeiras afirmações profissionais do Serviço Social. Todavia, o problema do sincretismo ideológico na profissão vai mais adiante que a sua demarcação na sua gênese; com efeito, é bem mais complicado: o desenvolvimento profissional do Serviço Social deu-se, simultaneamente, com a imbricação dessas duas linhas evolutivas e com suas modificações particulares. Ou seja, operou-se num campo cultural-ideológico que registrava um movimento entre as duas tradições e outro, situado na relação entre cada uma delas e as novas configurações cultural-ideológicas que surgiam em suas respectivas periferias.

Essas duas vertentes começam a interagir fortemente em meados dos anos trinta. Parece que confluíram, para facilitar esta interação, fatores muito diversos: a "descoberta" da Europa (nomeadamente da França) pelos norte-americanos — recorde-se a *Lost Generation* —, a crise de 1929 e seus desdobramentos globais, mudanças culturais

---

88. Para uma rigorosa crítica das tensões na elaboração de Peirce, cf. Bogomolov (1979, cap. II); ainda sobre Peirce, cf. a original abordagem de Bernstein (1979).

89. Os textos fundamentais de W. James e Dewey, no que concerne às suas concepções substantivas, estão vertidos ao português em James, Dewey e Veblen (1974). Quanto à enorme influência pedagógica de Dewey, cf. Hofstadter (1967: 465 e ss.); para a crítica do pragmatismo, cf. Russell (1967), Abbagnano (1970) e Bogomolov (1979); ainda que sem explícitas referências ao pragmatismo, é fundamental o recurso a Horkheimer e Adorno (1971) e Horkheimer (1973); para finas aporias lógicas a decorrências pragmáticas (operacionalistas e instrumentalistas), feitas de uma perspectiva inteiramente estranha ao marxismo e ao historicismo, cf. Popper (s.d.).

90. Somente com a emergência da *New Left* essa hegemonia cultural e ideológica se depararia com um contraponto de algum relevo.

na integração de grupos católicos nos Estados Unidos e no Canadá e o exílio de inúmeras personalidades européias, em função, primordialmente, da ameaça nazi-fascista[91]. Essa interação acentuou-se durante a guerra e tornou-se ainda maior nos anos que se lhe sucederam, em razão da bipolaridade mundial então criada e com a plena hegemonia dos Estados Unidos sobre a parte do mundo submetida ao jugo do capital.

A imbricação das duas tradições se efetiva quando ambas já possuíam, em comparação com a sua face na passagem do século, traços diferenciais. Na vertente norte-americana, a concepção evolucionista (de raiz spenceriana) apresentava-se inteiramente diluída. O balanço da Era Progressista aparecia como francamente anódino[92]; as novas lutas de massas, antes e depois do catastrófico outubro de 1929, punham de manifesto que se estava longe dos anos que sucederam à Guerra da Secessão[93]. Nem mesmo as reformas e as conquistas da Administração Roosevelt fizeram reviver o otimismo anterior — a América dos Fundadores estava enterrada. O descrédito de qualquer idéia de progresso social, ainda que na sua contrafação evolucionista, tinha, portanto, motivações sócio-culturais de monta. Por outra parte, o conteúdo de rigorismo ético também se esvaía na cultura norte-americana: o *american way of life* estava se consolidando. Os vínculos que enlaçavam a *reforma* e a *reflexão social* tornavam-se lassos e frouxos: o pragmatismo convertia-se em instrumentalismo e operacionalismo.

Paradoxalmente, neste quadro que poderia sugerir uma precipitação no desenvolvimento profissional do Serviço Social, acentuando as preocupações sócio-cêntricas que existiam em germe e tenuemente nas proposições de Richmond, ocorre um movimento de viragem, que

---

91. A influência destes emigrados, que compunham um espectro ideológico que ia do liberalismo conservador à extrema esquerda, ainda não foi suficientemente estudada. No que concerne a dois aspectos muito próximos aos Serviço Social — a presença de discípulos (ortodoxos ou não) de Freud e de pensadores católicos —, lembremos que entre aqueles que procuraram a proteção norte-americana estavam E. Fromm e J. Maritain.

92. Apenas à guisa de apontamento marginal: Mary Richmond nunca foi uma entusiasta da *reforma* e sustentava dela uma avaliação que ressaltava o seu falhanço (cf. Trattner, 1979: 210-211).

93. Para um balanço geral deste período, cf. Huberman (1966, caps. XIV-XVIII); um bom tratamento sobre movimentos sociais setoriais (saúde, moradia, saúde mental) encontra-se em Trattner (1979) e é instigante recorrer, ainda, à análise de Piven e Cloward (1979).

tende a *psicologizar* o projeto profissional[94]. O giro não é tranqüilo nem, muito menos, pacífico: desata confrontos e conflitos entre os assistentes sociais[95]. Mas acaba por se operar e levar à residualidade profissional as propostas alternativas. Concorrem para tanto as alterações que sumariamos linhas atrás e, fortemente, a psicologização que passa a percorrer todo o bloco cultural-ideológico hegemônico, de que é índice a voga psiquátrica e, em seguida, psicanalítica[96]. É este giro — que, em si mesmo, não colide com os fundamentos do período anterior, que tinham por suporte uma concepção de socialidade vigorosamente *individualista* — que vai facilitar a interação com a tradição européia, fundamente vincada pela redução da problemática social às suas manifestações individuais, com a hipertrofia dos aspectos morais.

Os elementos excludentes que, em princípio e de fato, poderiam problematizar a interação foram dissolvidos por força do próprio conteúdo pragmático da tradição norte-americana. Mas houve um catalisador que, até hoje não devidamente avaliado nas poucas análises referentes a este processo, seguramente contribuiu enormemente para a confluência das duas linhas evolutivas: o personalismo norte-americano[97].

---

94. Uma análise cuidadosa e despreconceituosa do texto de 1917, bem como do ensaio de 1922 (cf., respectivamente, Richmond, 1950 e 1962), deixa claro que não há uma redução psicologista no projeto profissional de Richmond (adicionalmente, cf. Richmond, 1930: 374-381, 397-401 e 526-535).

95. Para rastrear estas polêmicas, cf. Trattner (1979, com excelentes indicações bibliográficas), Willensky e Lebeaux (1958, esp. cap. 12), Axinn e Levin (1975, esp. caps. 5 e 6), Lubove (1977, esp. cap. III) e Pumphrey e Pumphrey (1967).

Um dos aspectos mais característicos da construção da sua auto-imagem profissional pelos assistentes sociais é o obscurecimento das polêmicas travadas no processo de constituição do Serviço Social; tudo se passa como se este processo fora cumulativo, lento, gradual e seguro — sem rompimentos e dilacerações: é como se Jane Addams não pesasse e como se Bertha Reynolds não tivesse existido.

96. É supérfluo anotar que, no mesmo sentido, jogou favoravelmente a falta de ressonância de uma vertente de esquerda não pragmática.

Cabe recordar, ainda, que neste mesmo período surgem os textos precursores da ulterior "literatura de aconselhamento" que, posteriormente, seria uma típica produção da *indústria cultural* norte-americana e um relevante ingrediente da plasmagem do *american way of life*.

97. Atente-se para o adjetivo, uma vez que se trata de um desenvolvimento filosófico absolutamente autônomo em relação àquele que, na Europa, configurará a vertente católica que ganhará a mesma designação (cf. Mounier, 1950).

Cabe observar que não verificamos, nos textos da bibliografia profissional que examinamos, o registro do personalismo norte-americano (para uma síntese da sua origem, características e significação, cf. Bogomolov, 1979, cap. IV, que não hesita em considerá-lo, à p. 93, "o produto filosoficamente mais reacionário da desagregação do idealismo objetivo").

O fulcro do pensamento personalista norte-americano (que se desenvolve desde os últimos anos do século passado até ganhar ressonância nos anos vinte e trinta, com Bowne, Howison, Calkins, Hocking, Flewelling e Brightman, aglutinando seus adeptos através do periódico *The Personalist*, criado em 1920) é um sistemático combate ao materialismo, ao evolucionismo e ao racionalismo — e, evidentemente, neste último aspecto conflitava com a tradição pragmática. E justamente por este traço, concretizado numa opção de cariz solipsista[98], o personalismo norte-americano instaura um espaço em que os blocos cultural-ideológicos em presença podem interagir amplamente: o do irracionalismo que franqueia o passo ao psicologismo extremado e ao agnosticismo-limite — aquele em que o Incognoscível pode ter o rosto que o crente lhe atribuir.

Ainda que seja importante enfatizar a urgência de estabelecer em que medida o personalismo norte-americano afetou *diretamente* as práticas e a elaboração do Serviço Social, o que aqui interessa é sublinhar o que ele sinaliza: uma corrente ideológica que, em 1949, aparece "como o mais amplamente aceito entre os sistemas idealistas [objetivos]" (Bogomolov, 1979: 93), expressa um fenômeno de intensa gravitação intelectual. Manifesta uma ambiência cultural que, com toda a certeza, revela uma difusa, mas nem por isto rarefeita, atmosfera ideológica. Exatamente aquela em que o Serviço Social, já profissionalizado, passa a movimentar-se: a que emoldura as refrações da "questão social" no âmbito da *personalidade* e, em seguida, no da *relação interpessoal* (tal como vai se configurar o Serviço Social de Grupo, com marcados influxos da dinâmica e da terapia grupal).

Há a realçar, neste giro, dois aspectos axiais. O primeiro refere-se à rearticulação do sistema de saber que ancora o Serviço Social norte-americano: já não é mais o substrato que Richmond recolhe dos pragmáticos "clássicos", W. James e Dewey, e de Mead[99], mas a abertura a evanescentes influxos "científicos" da psicologia — o que se faz sem um exame dos pressupostos anteriores e atuais, compreendendo-se o

---

98. Segundo Bogomolov (1979: 107 e 95), para Brightman "a pessoa é o fundamento da própria realidade"; "a realidade concreta é o eu, o indivíduo".

99. A influência de George H. Mead sobre Richmond, além de inconteste, é predominante. A contribuição de Mead às ciências sociais é analisada por Coser (in Bottomore e Nisbet, orgs., 1980: 405 e ss.), que destaca o seu aporte a uma "psicologia social pragmática"; cf. também as interessantes observações de Habermas (1986).

giro como um passo adiante numa evolução linear[100]. O outro aspecto é a interação entre as duas vertentes cultural-ideológicas — nas condições desse giro é que ela se realiza.

A tradição européia, contudo, também registrara modificações — e a mais significativa destas era, no seio do campo católico, a retomada do legado de Tomás de Aquino. Estimulada oficialmente pela alta hierarquia (mais exatamente, por Leão XIII, na encíclica *Aeterni Patris*), a construção da "nova escolástica", o *neotomismo*, procurará oferecer um calço mais consistente à Igreja nos seus confrontos, também pela via da Doutrina Social, com a modernidade. Tendo como importante núcleo de elaboração a Universidade de Louvain, a "nova escolástica" insere-se num largo processo de mobilização da Igreja para fazer face, teórica, doutrinária e praticamente, aos desafios intelectuais, científicos, políticos e ideológicos postos, de um lado, pelo desenvolvimento científico e filosófico e, de outro, pela laicização das instituições sociais burguesas e pelo movimento operário orientado pelo marxismo e pelo magnetismo desencadeado pela primeira experiência de transição socialista[101]. Sem se deslocar da tradição conservadora, a "nova escolástica", que teria amplos rebatimentos no Serviço Social europeu e, ulteriormente, em escala mundial, ambicionava uma ascendência de magnitude planetária — e, sem dúvidas, alcançou-a[102].

A sua síntese social comparece claramente na reflexão de um de seus mais respeitados elaboradores, Maritain[103]. À recusa frontal às propostas do movimento operário revolucionário e do socialismo já não se opunham apenas motivações eticistas; uma programática que não se

---

100. Cf. em Kahn, org. (1970), as páginas dedicadas à relação do Serviço Social com a psicologia, especialmente com as *teorias do ego*.

Sobre a *psicologia do ego*, que tão profundamente marcou as representações do Serviço Social de Caso pós-30, cf. as argutas críticas de Fromm (1971: 32 e ss.), que ressaltam, antes de mais, o seu "caráter conformista".

101. Nunca será exagerado o papel que desempenhou, em Louvain, o Cardeal Mercier. Igualmente, é ponderável o contributo original de Maritain.

Amplas indicações bibliográficas para rastrear este processo encontram-se em Bihlmeyer e Tuechle (1965), Almeida (1979), Aguiar (1982) e Sá (1984).

102. Nas referências contidas na nota anterior — e mais: nas que se encontram em Iamamoto (1982) e Castro (1984) — documenta-se a articulação internacional que fez incidir o neotomismo sobre a formação e a prática dos assistentes sociais no mundo católico.

103. Cf. especialmente Maritain (1941 e 1964). Fonte de referência sobre toda a obra de Maritain — resumindo pesquisas e debates do *Centro Católico dos Intelectuais* (França) — é Vv. Aa. (1957).

reduzia ao moralismo era formulada: a espiritualidade e a temporalidade, distintas, não são dissociáveis; a convivência mundana deve desenvolver-se, inspirada pelo cristianismo, nos marcos de uma democracia que ultrapasse o liberalismo[104], assentando-se em bases comunitárias; o primado do espiritual não elude que o dever do Estado, mero "instrumento a serviço do homem", é a justiça social e que há que apelar a "uma filosofia cristã que, na ordem temporal, e sem pensamentos reservados de apostolado religioso [...], trabalhe no sentido de renovar as estruturas da sociedade" (apud Touchard, 1976: 146). O rechaço explícito das dimensões políticas (com a prática implícita de uma política restauradora), próprio da etapa anterior, é substituído pela sua assunção na perspectiva do "bem comum" — o cristão, *enquanto cristão*, tem responsabilidades *cívicas* no mundo[105].

A programática era adequada para reposicionar o catolicismo numa quadra histórica em que o anticomunismo tão prezado e estimulado pela Igreja mostrava-se somente o vestíbulo do fascismo — e, na sua trajetória, este acabaria por revelar-se o mesmo no tratamento de trabalhadores comunistas e católicos[106]. Expressando aspirações fundadas na vivência de grandes massas católicas, a nova programática social — que, ademais, não era redutível à experiência prévia da democracia cristã gênero Don Sturzo — retirava a Igreja (ou parte dela) da incômoda situação de companheira de viagem dos Mussolini, Salazar, Franco *et caterva*[107]. Contudo, ela significava muito mais: ao apontar para a legitimidade da intervenção *sócio-política* no universo intramundo, deslocava-se do viés puramente filantrópico (embora conservasse o traço do *militantismo* que vinha do catolicismo social) e, por decorrência, abria

---

104. "O impulso democrático surgiu na história humana como uma manifestação temporal da inspiração evangélica" — escreveu Maritain em *Christianisme et Démocratie* (apud Touchard, org., 1976: 147).

105. Não cabe aqui a crítica do mito do "bem comum" nas sociedades cortadas por interesses classistas antagônicos — só cabe recordar que, já antes, nos clássicos do marxismo, essa mística fora teoricamente dissolvida.

106. O destino do líder católico Don Sturzo, aliás, é ilustrativo: o fundador do Partido Popular Italiano (1918) é compelido ao exílio dois anos depois da "marcha sobre Roma".

107. Enquanto expressão de aspirações fundadas na vivência de massas católicas, a programática cristalizada em Maritain era apenas *um* índice de uma espécie de corrente subterrânea que, dada a sua ponderação, acabaria por vir à tona e compelir a Igreja, enquanto estrutura institucional, ao *aggiornamento* dos anos sessenta, que teve uma figura exponencial em João XXIII — outros índices, evocados aleatoriamente, estão no já referido *personalismo* de Mounier e na experiência dos *padres operários*.

um terreno novo para intervenções lastreadas em representações *teóricas* da vida social. Ou seja: a nova programática, continuidade e ruptura com o catolicismo social, requeria uma intervenção técnica[108].

Se o rompimento com o evolucionismo e a voga psicologista desobstruíram as vias, na tradição norte-americana, para a interação com a tradição européia, nesta o componente que favoreceu o processo foi a afirmação neotomista. A década de trinta já registra, na América do Norte, os primeiros resultados da interação: novos valores e nova fundamentação se apresentam para a prática profissional do Serviço Social, extraídos do arcabouço neotomista[109]. E os influxos, naturalmente, foram de mão dupla: a tradição européia abriu-se às técnicas e aos procedimentos já desenvolvidos pelos norte-americanos[110].

O fato é que, a partir dos anos quarenta, este duplicado sincretismo — esta estranha simbiose de produtos cultural-ideológicos tão diversos — rebate decisivamente, *sem qualquer reserva crítica de fundo*, no desenvolvimento do Serviço Social profissional. Não se procedeu, na bibliografia e na documentação profissionais, a uma análise sobre a congruência entre o arsenal heurístico, os procedimentos operatórios e os referenciais axiológicos nela imbricados[111]. Ao contrário: deu-se por suposto que os referenciais axiológicos, *independentemente do arsenal*

---

108. O neotomismo, tomado como movimento cultural e intelectual, representa, sem dúvidas, uma sensível redução do espaço do irracionalismo nas posturas católicas — a *ratio* aristotélica tem ampla acolhida no sistema de Tomás de Aquino e é valorizada pelos neotomistas.

109. A partir de indicações do clérigo Cook, redigidas em 1951, Aguiar (1982: 65) apresenta uma bibliografia probatória da incidência do neotomismo na produção documental do Serviço Social norte-americano.

110. Em ambos os casos, há que distinguir a interação no plano *formal* e as suas conseqüências *práticas*. A incorporação do contributo norte-americano pela tradição européia demandou um lapso temporal maior, em razão de um complexo de causas — as condições da guerra; os quadros sócio-políticos de cada país; as resistências institucionais (freqüentemente comandadas por Igrejas nacionais muito reacionárias; *v.g.*, Portugal e Espanha) que, diga-se de passagem, até hoje respondem por uma incorporação débil daquele contributo. No caso inverso, a variável decisiva foi basicamente *cultural* — a pertinência dos componentes da categoria profissional a uma dada orientação religiosa.

É importante assinalar, ainda, que se elaboraram, à base do neotomismo, análises e quadros de referência que atendiam em larga medida aos parâmetros intelectuais então consensuais na comunidade acadêmica norte-americana (recorde-se, *en passant*, os trabalhos de Hariou e, especialmente, de Renard, sumariados em Timasheff, 1965: 334 e ss.)

111. Este é o resultado do nosso exame da bibliografia e da documentação que investigamos. Só a partir dos meados dos anos sessenta, na América Latina e do Norte e na França, as correntes críticas da profissão começam a *registrar o* fato.

heurístico e dos procedimentos operatórios, é que garantiam a legitimidade, a orientação e o sentido da intervenção — e esta suposição, assombrosa simultaneamente pela sua generosidade moral e pela sua candidez teórico-metodológica, é tanto mais meridiana e palmar quanto mais rápido é o trânsito de uma das linhas evolutivas para os resultantes da sua interação[112].

Poder-se-ia imaginar que o complexo de equívocos embutido neste sincretismo assinalasse a baixa qualificação teórico-técnica ou uma idiossincrasia ideológica dos protagonistas deste momento histórico da afirmação profissional[113]. Sem entrar na particularização das questões que compareçam numa colocação deste tipo, cabe considerar que esta hipótese, por mais que se possa fundá-la em investigações cuidadosas, não é pertinente para esclarecer o essencial do fenômeno — e por uma razão simples e ponderável: se o sincretismo não surge aí pela primeira vez (como pensamos ter indicado suficientemente nesta seção), igualmente não emerge pela última.

Na realidade, em pelo menos dois outros momentos cruciais do desenvolvimento profissional do Serviço Social — e momentos com um enquadramento histórico-social e teórico-cultural bem diferenciados — o mesmo fenômeno se fez presente com idêntico vigor: referimo-nos aos capítulos históricos do Desenvolvimento de Comunidade e do chamado movimento de reconceptualização[114]. Não nos ocuparemos,

---

112. A visibilidade desta suposição é flagrante no desenvolvimento do Serviço Social no Brasil — e aparece com mais obviedade nos testemunhos e depoimentos dos protagonistas significativos do processo de afirmação profissional que em suas elaborações. Para comprová-lo, cf. os depoimentos reproduzidos em Alves Lima (1983), as referências contidas em Almeida (1979) e Mendes (1987) e a mesa-redonda sobre "História do Serviço Social no Brasil", realizada na Reitoria da Pontifícia Universidade Católica de São Paulo, em 22 de novembro de 1982 e publicada em *Serviço Social & Sociedade* (São Paulo, Cortez, ano IV, agosto de 1983, nº 12). Ela é igualmente óbvia nas reconstruções históricas do gênero Vieira (1977).

113. A hipótese, no caso brasileiro, foi veementemente repudiada na mesa-redonda referida na nota anterior.

114. Aquele *pelo menos* não é gratuito: o fenômeno, em alguma escala, também compareceu no processo de integração do trabalho específico com grupos no marco da profissão. Neste caso, porém, a saliência do fenômeno foi grandemente esbatida porque, pela via do psicologismo, a panacéia do "relacionamento" podia ser incorporada como matéria-prima do profissional, em qualquer campo (saúde, lazer, educação), sem violentar um esquema de interpretação da realidade social em que a "personalidade" era o liame entre os níveis micro e macro da organização social. Sobre este ponto, há material para reflexão em Kahn, org. (1970) e Leiby (1978).

aqui, deste último; quanto ao Desenvolvimento de Comunidade, são cabíveis algumas rápidas observações, que dão por conhecida a já larga bibliografia sobre o tema.

A funcionalidade sócio-política do Desenvolvimento de Comunidade, em plano mundial e continental, respondendo à nova ordem internacional que sucede à Segunda Guerra Mundial, já foi suficientemente realçada (Castro, 1984). E se a crítica aos seus referenciais teóricos vem dos anos sessenta (Costa Pinto, 1965), mais recentemente se pôs de manifesto que contém potencialidades de manipulação social capazes de servir tanto a propostas de reforma progressista quanto a projetos societários de inequívoco sentido conservador (Ammann, 1982). Mas ainda está por rastrear o seu particular sincretismo cultural-ideológico, de complexidade ímpar[115].

Quando o Desenvolvimento de Comunidade começa a ser incorporado pelo Serviço Social[116], entre as décadas de quarenta e cinqüenta, a profissão já possuía o seu referencial cultural-ideológico travejado pela consolidação da interação entre os *backgrounds* europeu e norte-americano. Se este, à parte a experiência administrativo-colonial britânica, oferecia toda uma pauta programática para a organização e o desenvolvimento de comunidades, aquele dava-lhe uma ampla cobertura valorativa, precisamente a que derivava da retórica do "bem comum"[117]. Dois outros ingredientes, no entanto, marcariam singularmente a inserção do desenvolvimento de comunidade no marco profissional do Serviço Social — e tratava-se de dois ingredientes novos.

O primeiro vinculava-se a uma sensível diferenciação na funcionalidade profissional que os assistentes sociais se atribuíam. Ora situando-se nos programas de organização e desenvolvimento de comunidades como o profissional ocupado com o "social", ora — ainda que com menos freqüência — intercorrendo com outros profissionais em

---

115. O trabalho de Ammann (1982) não opera com o conceito de sincretismo, mas oferece indicações sobre o sincretismo teórico no Desenvolvimento de Comunidade.

116. Não subestimamos o fato de que a organização e o desenvolvimento de comunidades extravasam largamente o âmbito do Serviço Social; aqui, entretanto, só nos interessa o que diz respeito à profissão.

117. Não há nenhuma dúvida de que, na orientação *prática* dos projetos de organização e desenvolvimento de comunidades, para o Serviço Social a legitimação global era fornecida basicamente por esta retórica, que abria o passo ao promocionalismo (cf. *infra*). No ensaio de Arcoverde (1985), há interessantes elementos que clarificam a referida retórica.

instâncias de planejamento, programação e controle, os assistentes sociais começaram a arrogar-se uma função societária até então pouco ponderável no universo ideal do Serviço Social: o de agentes das "mudanças sociais", basicamente postas como indução de modificações no meio social imediato para dinamizar um padrão novo de integração à dinâmica capitalista. Não é este o local para entrar no debate sobre o referencial teórico que sustentava esta concepção das "mudanças sociais"[118]. O que interessa ressaltar é que, no plano cultural-ideológico, um dos corolários daquela função auto-atribuída — e este é o dado que então se inscreve profundamente no universo profissional — é uma resposta articulada à questão da *pertinência de classe* do assistente social.

Ainda que largamente dissimulada, esta questão esteve sempre presente nos debates profissionais. O recurso tradicional para resolvê-la, ou escamoteá-la, era o apelo aos "valores universais" enraizados no projeto profissional ou, com a afirmação neotomista, o renovado mito do "bem comum". Nas novas condições histórico-sociais em que se punham a organização e o desenvolvimento de comunidades, altera-se a inserção sócio-ocupacional do assistente social: a conexão do Serviço Social profissional, implicando uma relação direta com complexas instituições governamentais e/ou públicas, ofereceu uma base real para que a dinamização do "bem comum" (agora "concretizado" nas programáticas desenvolvimentistas) fosse visualizada em termos de *projetos técnico-administrativos acima dos confrontos de classes*. Não está em jogo, apenas, o encobrimento da essência classista das instituições governamentais e/ou públicas; trata-se de uma racionalização do papel dos seus quadros técnicos como *independentes* graças, precisamente, à posse dos instrumentos que viabilizavam a *indução* de "mudanças". Aqui, a vinculação social do ator profissional desloca-se do

---

118. Referencial parcialmente tratado por Ammann (1982). Entendemos que além das indicações contidas nesta fonte, e em Castro (1984), é fundamental, para levantar este referencial teórico, ir além da remissão estrita às teorias funcionalistas norte-americanas e reenviar a dois outros eixos (que não são convenientemente examinados pelos autores mencionados aqui): de uma parte, a maré-montante *keynesiana* que aflora à época nos enfoques econômicos sobre o fenômeno do subdesenvolvimento (é o caso da CEPAL; quanto a este ponto, cf. Oliveira, 1983); de outra parte, a formidável influência então exercida pelas teses do "planejamento democrático" (especialmente Mannheim, 1951). Ademais, seria fecundo, em nosso entender, relacionar esta problemática com as teses defendidas, no caso brasileiro, por alguns dos nomes ilustres do ISEB, como Hélio Jaguaribe.

nível dos grupos (classes) para o nível do controle de instrumentos técnicos. A alteração é sensível: a pertinência social do profissional não aparece diluída em "valores universais" puros e abstratos, mas ancorada na sua condição de *agente técnico da "mudança"* — e, em absoluto, não estamos flutuando em nuvens estranhas àquele céu mannheimiano da *freischwebende Intelligenz*[119].

Não há dúvida de que existe aqui um corte cultural-ideológico com as concepções anteriores — nesta moldura, a vinculação social do profissional passa a ser apreendida enquanto sincronia peculiar de saber (técnicas de indução de "mudança") e inserção institucional (agências governamentais e aparatos públicos). Mas este corte não significa uma ruptura; nele, ao contrário, subsistirá uma fundamental continuidade sincrética com o *background* profissional antes consolidado, consistente em que os projetos de desenvolvimento (ou a potenciação de forças produtivas, com as correspondentes reformas sociais estruturais que a viabilizam em contextos econômico-sociais explorados, periféricos e heteronômicos) e mesmo a sua contrafação ideológica, o desenvolvimentismo (ou a construção de uma representação em que a indução de "mudanças" estratégicas para favorecer uma reintegração dependente na dinâmica capitalista elude as diferenciações e as colisões classistas), rebateram no Serviço Social refratados por uma lente singular: a da *promoção social*. Este é o segundo ingrediente que então emerge.

Como tal, o promocionalismo já se inserira na tradição do Serviço Social — embutira-se nele com as incidências sociais da programática derivada do neotomismo (recorde-se que, com Maritain, é dever do Estado promover a justiça social). É esta tradição que vai se entrecruzar com o desenvolvimentismo e fazer com que, na incorporação, pelo Serviço Social, do Desenvolvimento de Comunidade, não se dê apenas uma absorção profissional da conhecida "ideologia do desenvolvimento"[120]; esta será filtrada, de uma parte, por uma referência teórico-cul-

---

119. De fato, a noção dos assistentes sociais como "agentes promotores de mudança" é inteiramente compatível com as impostações de Mannheim acerca dos "intelectuais desvinculados", desenvolvidas pelo sociólogo de Budapeste a partir de 1936 (Mannheim, 1968); para uma exposição crítica desta temática, cf. Lukács (1968, cap. V), Löwy (1985, cap. III e 1987, 76 e ss.); uma aproximação muito generosa em relação a Mannheim encontra-se em Schaff (1971).

120. Por isso mesmo, embora seja necessário debater o Desenvolvimento de Comunidade, no âmbito do Serviço Social, levando em linha de conta a crítica à "ideologia do desenvolvi-

tural que não se esgota nas teorias funcionalistas norte-americanas da "mudança social", mas envolverá a importante inspiração de Lebret[121]; por outra parte, será acoplada ao promocionalismo anterior, desaguadouro do humanismo cristão tradicional (com sua reiterada ênfase na "pessoa humana") e da justiça social que se pretendia costurada ao "bem comum".

É este sincretismo (que, ademais, fornece uma continuidade visível em face do passado profissional do Serviço Social, reiterando aos assistentes sociais a necessidade de verificar a compatibilização do novo âmbito de intervenção com as suas práticas precedentes e, especialmente, com suas elaborações formal-abstratas) que, na profissão, converte o desenvolvimentismo em *ideologia do promocionalismo*. O típico ponto de distinção (mesmo que não de colisão) entre as duas representações ideológicas aparece na tola, como bem o demonstrou Cândido Mendes (1966, cap. II), polêmica entre "desenvolvimento" e "desenvolvimento integral". O promocionalismo, ingrediente novo quando se põe como eixo da intervenção que visa a este "desenvolvimento integral", é a face pertinente do Desenvolvimento de Comunidade enquanto operação própria do Serviço Social.

Também como antes, na incorporação da organização e do desenvolvimento de comunidades pelo Serviço Social comparece o procedimento sincrético. É que este, no Serviço Social, é mais que o traço localizado ou localizável da profissão ou uma idiossincrasia de alguns segmentos profissionais — resulta da natureza da sua prática, lastreia-se no seu engradamento cultural-ideológico e remete ao seu sistema de saber, ao referencial "científico" que o ancora.

---

mentismo", ela é insuficiente para abarcar os movimentos profissionais estritos. No Serviço Social, como rapidamente se indicará a seguir, o desenvolvimentismo foi somente um aspecto, decerto elementar, na elaboração do Desenvolvimento de Comunidade.

121. Creio que está por investigar uma interação de tipo especial entre o *background* norte-americano (rigorosamente funcionalista) da organização e do desenvolvimento de comunidade e a corrente européia que se fez ouvir através de *Économie et Humanisme*. Ainda que não se possa verificar, o que é discutível, uma *direta* influência de Lebret (ou de economistas vinculados às suas concepções, como F. Perroux) sobre os assistentes sociais católicos, parece-me que o perfil *ideológico* do Desenvolvimento de Comunidade (inclusive com seus ulteriores desdobramentos, na década de sessenta) não pode ser delineado sem considerar os influxos da obra do dominicano (Lebret, 1959, 1961, 1962 e 1963). Tanto em Ammann (1982) como em Castro (1984), este aspecto não é destacado.

2.5. Serviço Social como sincretismo "científico"[122]

A estrutura sincrética do Serviço Social encontra-se, como não poderia deixar de ser, no sistema de saber que ancora — embasando, enformando e legitimando — as suas práticas e, igualmente, as suas representações. A análise do sincretismo teórico ou, como quer a tradição, "científico", que articula o sistema de saber em que gravita o Serviço Social é uma operação que, no plano expositivo, deve contemplar três segmentos argumentativos diferentes: as possibilidades do conhecimento teórico ("científico") do ser social, a filiação teórica do Serviço Social e as suas próprias pretensões a erigir um saber específico. Enfrentaremos seqüencial e diversamente cada uma destas problemáticas, que, no caso, não devem ser dissociadas.

Preliminarmente, porém, é necessário um pequeno excurso acerca da noção mesma de "ciência" social. Na perspectiva da tradição positivista, o conceito de ciência[123] é inequívoco e sua extensão à pesquisa do ser social parece legítima: como a legalidade do social é identificada à legalidade da natureza, o estatuto "científico" da investigação da sociedade é homólogo ao da natureza — vale dizer, o padrão teórico das "ciências da sociedade" é um símile do da biologia, da física, da química etc. e "teoria" equaliza-se praticamente à "ciência". A racionalidade "científica" do positivismo e das suas derivações já foi suficientemente discutida por pensadores marxistas (ou, em alguma medida, por pensadores influenciados por Marx), de forma que não é pertinente retornar senão episodicamente a esta crítica aqui[124]. O que

---

122. No seguimento desta seção, o emprego destas aspas será clarificado.

123. Uma interessante análise da constituição do moderno conceito de ciência encontra-se em Bronowski e Mazlish (1983); para a tematização do conceito e suas características, cf. Nagel (1961), Kedrov e Spirkin (1966), Kunh (1969), Bunge (1970) e Popper (s.d.); na ótica inspirada em Marx, o melhor tratamento da constituição da categoria (e do seu processo) encontra-se em Lukács (1966, 1, 2).

124. A tradição de crítica ao positivismo (e suas derivações) prende-se, inicialmente, na perspectiva marxista, aos textos vinculados ao denominado "marxismo historicista", entre os quais se destacam Lukács (1974; ed. or., 1923), Korsch (1964; ed. or., 1923) e Kofler (1968; ed. or., sob o pseudônimo de S. Warynski, 1944); um eficiente resumo da crítica do "marxismo historicista" ao positivismo encontra-se em Löwy (1987). Outras fontes significativas para a análise crítica do positivismo e suas derivações, sob inspiração marxiana, são: Goldmann (1966), Marcuse (1969), Coutinho (1972) e Horkheimer e Adorno (1971). De valor *fundamental* para

interessa remarcar é que, para a perspectiva matrizada pelo positivismo e suas derivações, a noção de "ciência" social (ou, mais exatamente, de "ciências" sociais) é algo que vai sem problematização de fundo[125]. E, na escala exata em que a matriz positivista e suas derivações — o funcionalismo, o estrutural-funcionalismo e o estruturalismo, as faces mais óbvias do neopositivismo na reflexão teórica sobre a sociedade[126] — moldaram as disciplinas sociais, é compreensível a sua generalizada denominação de *ciências sociais*. Dispensaremos as aspas daqui por diante (como já o fizemos anteriormente) — tendo-se em conta que a denominação remete sempre à matriz positivista.

No campo do pensamento inspirado em Marx, porém, a categoria de "ciência social" é, para dizer com eufemismo, muito problemática. Que haja várias passagens em Marx (e, com igual ou maior freqüência, em Engels) que se refiram original e explicitamente à *ciência*, denotando as suas próprias elaborações (e de outrem), é dado pacífico — e, em

---

uma apreciação aprofundada da tradição positivista nas ciências sociais é a polêmica registrada em Adorno et alii (1973). São instigantes, enfim, os estudos de Habermas (1986) sobre a "racionalidade funcionalista", que remetem a aporias substantivas ao positivismo — ainda que não se possa, rigorosamente, conectar este autor à tradição marxista: como diz Löwy (1987: 182), é "difícil de determinar" a sua ligação com aquela tradição. Do ponto de vista do debate sobre a "crise dos paradigmas", uma bela síntese da crítica ao padrão positivista encontra-se em Souza Santos (1989).

125. Entenda-se: o que não é objeto de problematização é a categoria de "ciência" social; quanto à "cientificidade" de fato alcançada pelas ciências sociais particulares, seus métodos, suas técnicas etc., as polêmicas são infindáveis — recorde-se Durkheim tornando "científica" a sociologia de Comte expurgando a sua (e de Spencer) "metafísica positiva" ou a evolução da pesquisa sociológica empírica, nas "fases" descritas por Lazarsfeld. Quanto a tais polêmicas, é ilustrativo o episódio, real embora com sabor anedótico, narrado por Gouldner (1973, 153: "[...] A sociologia acadêmica é uma ciência que sempre está recomeçando — ou seja, tem uma estranha propensão à amnésia. Em minha vida, conheci três sociólogos que disseram, ou anunciaram, publicamente que com eles, ou, pelo menos, com seus discípulos, enfim a sociologia iria começar". No que tange à capacidade "científica" de previsão das ciências sociais contemporâneas, a partir de pesquisas "rigorosas", o exemplo mais divertido continua sendo o protagonizado por Goldthorpe, com sua pesquisa sobre os trabalhadores de Vauxhall Luton, em 1966 (um sucinto relato, apoiado na análise de Robin Blackburn, encontra-se em Shaw, 1978: 59-60).

126. Nossa referência ao *neopositivismo*, como se vê, não reenvia imediatamente ao positivismo lógico ou à filosofia analítica (Schlick, Neurath, Wittgenstein, Carnap, Ayer, Ryle, Wisdom); remete, antes, aos desenvolvimentos das ciências sociais quando elas rompem com o positivismo "clássico" de Comte e Spencer — neste sentido, a divisória é, sem dúvidas, Durkheim. Sobre a matriz positivista do funcionalismo, do estrutural-funcionalismo e do estruturalismo, cf. Lefebvre (1967), Coutinho (1972), Adorno et alii (1973), Védrine (1977), Giddens (1978 e 1984), Habermas (1986) e Löwy (1987).

algumas de tais passagens, é inclusive aberto o aceno às ciências que operam com a natureza[127]. Entendemos, contudo, que há que considerar, em Marx[128]: *a*) que a categoria de *ciência* é basicamente pensada como ultrapassagem da "falsa consciência" (é assim que, em 1845-1846, a "ciência única da história" distingue-se da "ideologia alemã"[129]); *b*) que ela comporta, simultaneamente, uma *vinculação de classe* e um *elemento de autonomia relativa*[130]; *c*) que ela é essencialmente concebida como *arma crítica* contra quaisquer representações apologéticas (cf. Marx, 1983b, I, 1, esp. p. 76, nota 32 e p. 100, nota 73). Há que considerar mais, todavia: se, em Marx, as chamadas "leis gerais da vida econômica", "essas leis abstratas não existem", mas, ao contrário, "cada período histórico possui suas próprias leis", e que "o valor científico" da sua pesquisa "reside no esclarecimento das leis específicas que regulam nascimento, existência, desenvolvimento e morte" da sociedade burguesa[131]; se mesmo essas leis têm sempre um *caráter tendencial*

---

127. Para ficar nas duas passagens mais célebres: o "Prefácio" à primeira edição (aí, evoca-se a figura do *físico* e há a famosa notação do "desenvolvimento da formação econômica da sociedade como um processo histórico-natural") e o "Posfácio" à segunda edição d'*O Capital* (onde se reconhece a economia política como *ciência* e se trata da sua evolução correlacionada à evolução da burguesia, passando de "pesquisa científica imparcial" a apologética, nas mãos da "espadacharia mercenária", dos "meros sofistas e sicofantas das classes dominantes"); cf. Marx (1983b, I, 1: 12 e ss.).

128. Restringimos aqui nossas considerações a Marx; julgamos — e não cabe argumentar aqui em torno desta problemática — que a evolução de Engels configura um *sistema de concepções* que nem sempre é inteiramente coincidente com as concepções marxianas. Embora não façamos coro com os que pretendem instaurar um "corte" entre Marx e Engels, consideramos, como escrevemos em outro lugar (Netto, 1981: 43 e 28), que há uma *"concepção engelsiana* do materialismo histórico e dialético" e que existe uma *"especificidade* do pensamento engelsiano" que fizeram do companheiro de Marx "um *pensador original*". Sobre a discussão pertinente a este ponto, cf. Fetscher (1970), Walton e Gamble (1977), Fernandes (1983) e o polêmico Gouldner (1983).

129. Cf. Marx e Engels (1977); a passagem sobre a "ciência única" foi suprimida no original (p. 23 e ss.); lê-se ainda (p. 38): "Ali onde termina a especulação, na vida real, começa também a ciência real, positiva, a exposição da atividade prática, do processo prático de desenvolvimento dos homens".

130. "[...] Os *economistas* são os representantes científicos da classe burguesa [...]" (Marx, 1985: 118). Sobre a autonomia dos representantes de uma classe em relação a ela, cf. a passagem d'*O 18 Brumário*... referente aos democratas que expressam o horizonte de classe da pequena burguesia (Marx, 1969: 48) e, muito especialmente, a relação dos fisiocratas, de Smith e de Ricardo — inteiramente diversa da dos Malthus, Say, Senior *et caterva* — com sua classe (Marx: 1980, 1983, 1985). Sobre este passo, cf. também Löwy (1987).

131. Trata-se de fragmentos da resenha sobre o livro primeiro d'*O Capital*, publicada em periódico russo e que Marx cita, no "Posfácio" à segunda edição, como uma descrição acertada da sua *démarche* (Marx, 1983a, I, 1: 19-20).

(Marx, 1984, I, 1: 209; III, 1, caps. XIII a XV); se tais leis são específicas de uma realidade que, à diferença da natural, é *produzida pelos homens*[132] — consideradas estas condicionais, torna-se muito difícil, a nosso juízo, aproximar a concepção marxiana de ciência (social) a qualquer paradigma que implique uma "homogeneidade epistemológica" (a feliz expressão é de Löwy) entre o conhecimento da sociedade e o da natureza[133].

Entendemos que é mais correto, nesta linha de consideração, abandonar a tradição marxista que caracteriza a obra marxiana como *ciência social* — tradição ela mesma fortemente contaminada pelos padrões positivistas e suas derivações[134]. Preferimos pensar a obra de Marx como fundante de uma *teoria social*, que articula uma postura nitidamente *ontológica* (Lukács, 1976-1981) com uma radical *historicidade*[135]: trata-se de uma teoria sistemática (não um *sistema*) que dá conta do movimento do ser social que se engendra na gênese, consolidação e desenvolvimento (aí incluídas as condições do seu deperecimento) da sociedade burguesa. Assim concebida a obra marxiana (para detalhamentos desta concepção, cf. Netto, 1981b, 1983b e 1990 e Ianni, 1983), ela se mostra instauradora de uma inteligência da socialidade posta na sociedade burguesa que desborda e nega as problemáticas próprias às ciências sociais parcelares e autônomas — de fato, nesta linha argumentativa, é legítimo afirmar que a contraposição entre a concepção crítico-dialética de Marx e as ciências sociais não é uma distinção de âmbitos ou de discursos particulares e complementares, mas uma ex-

---

132. Cf. Marx (1984, I, 2: 8, nota 89), onde cita a distinção de Vico entre história natural e história dos homens. A importância atribuída por Marx a Vico é ressaltada por Kofler (1968: 231) e por L. Krader, in Hobsbawm, org. (1979, I: 273; o ensaio de Krader é rico de sugestões acerca da relação história natural/história humana em Marx).

133. Que o marxismo vulgar — tanto o economicismo e o sociologismo da Segunda Internacional, quanto o marxismo-leninismo emergente com a autocracia stalinista — tenha *identificado* natureza e sociedade em termos de permeabilidade epistemológica, eis uma questão que escapa aos nossos interesses neste ensaio. Basta-nos assinalar que as contaminações positivistas e neopositivistas perseguem com pertinácia a herança de Marx — e por razões basicamente sócio-políticas (recorde-se que Lukács chegou a caracterizar o stalinismo como uma emersão do neopositivismo no marxismo).

134. Mesmo quando se esforçam por manter nítida a distinção entre natureza e sociedade, os marxistas que atribuem à sua concepção teórica a qualificação *científica* acabam por desenvolver propostas claramente neopositivistas; sirva como exemplo o trabalho de Kelle e Kovalzon (1975).

135. Que não se deve subsumir a um historicismo abstrato ou relativista.

clusão recíproca[136]. Isso não significa que o pensamento marxiano não se revele apto para fecundar as ciências sociais, a interagir com elas e, muito freqüentemente, a gestar no seu interior movimentos de contestação e revitalização — provam-no, com suficiência, as tendências "críticas" e "radicais" na sociologia, na antropologia etc. Há que considerar, contudo, que tais tendências, quando conduzidas conseqüentemente aos seus necessários limites, rompem completamente com o fundamento segmentar e formal que estatui as ciências sociais enquanto tais[137]. Mas significa, a nosso juízo, que não há que tratar Marx como um "cientista social" como Weber, Durkheim et alii, nem a sua teoria social como uma espécie de ciência social enciclopédica e à "esquerda". Numa palavra: a obra marxiana é uma teoria da sociedade burguesa que pouco tem a ver com as ciências sociais especializadas, ainda que opere com os mesmos materiais que servem de matéria a elas.

Esclarecida minimamente esta questão preliminar, que condiciona o tratamento que se exporá a seguir, podemos tematizar as possibilidades do conhecimento teórico do ser social.

Parece assente que um conhecimento *teórico* do ser social (vale dizer: a colocação da sociedade como objeto *específico* da reflexão teórica) só é viável quando as relações sociais apresentam-se como tais, isto é, como produtos distintos da natureza e próprios da prática humana. E somente quando as relações sociais estão saturadas de socialidade que elas podem se colocar como objeto específico e pertinente para uma reflexão teórica *que também se especifica no seu tratamento*. Estas condições surgem apenas com a sociedade burguesa: só então, com o acelerado "recuo das barreiras naturais" (Marx-Engels, 1975), as relações sociais mostram-se constituídas de modo tal que reclamam e propiciam um tratamento peculiar. Em 1923, Lukács forneceu a base para a elucidação desse problema: em *História e Consciência de Classe*, num ensaio verdadeiramente clássico sobre o assunto, ele demons-

---

136. Esta formulação parafraseia a de Rusconi (1969: 83) sobre o pensamento de Lukács em 1923 — mas, para o autor italiano, na obra de Lukács de que trata, isto representa "uma gravíssima imitação" (*idem*).

137. Poder-se-ia ilustrar este fenômeno sem dificuldades. Tome-se, por exemplo, dois sociólogos brasileiros em suas obras mais maduras: Florestan Fernandes, A *Revolução Burguesa no Brasil* (1975) e Octavio Ianni, *A Ditadura do Grande Capital* (1981) — somente uma leitura extremamente preconceituosa poderia classificar estes textos como "sociologia". Com relação a Fernandes, já tratei rapidamente deste problema (Netto, 1987).

tra que o conhecimento teórico do social só é pensável quando "o conjunto das relações do homem com o homem [aparece] à consciência como *a* realidade do homem"; ora, "só no terreno do capitalismo, da sociedade burguesa, é possível reconhecer na sociedade a realidade", porque é neste terreno, o da "socialização da sociedade", que "o homem torna-se [...] ser social, [que] a sociedade torna-se *a* realidade do homem" (Lukács, 1974: 35).

Antes da "socialização da sociedade" (ou, se se quiser, da aceleração do "recuo das barreiras naturais"), a sociedade era impensável fora do seu intercâmbio *imediato* com a natureza. Eis porque a reflexão teórica que incidia sobre o social tomava-o, necessariamente, como um dado da natureza ou a ela subordinado; apenas quando o desenvolvimento das forças produtivas, elevado exponencialmente no quadro da produção capitalista, tornou marcada a especificidade da sociedade em face da natureza, colocou-se a possibilidade objetiva da teoria social *stricto sensu*[138]; recordemos que a divisa antecipatória e paradigmática de Vico se formula na primeira metade do século XVIII[139].

Não por acaso, é na Inglaterra da virada do século XVIII para o XIX que se elabora a base desta teoria social: a *economia política* clássica, tal como a constroem, nomeadamente, Smith e Ricardo. Longe de ser uma ciência autônoma e especializada, a economia política inglesa se constitui como uma teoria que procura abarcar a totalidade da vida social, vinculando os problemas essenciais da sociedade com as modalidades da sua produção e reprodução sociais[140].

A teoria social contida na economia política clássica experimenta a sua crise entre 1830 e 1848 — nesta quadra histórica, um de seus

---

138. A percepção deste fenômeno, desta relação entre *capitalismo e teoria social*, aparece confusamente na sociologia acadêmica — embora rastreando seus "precursores" na Antiguidade (!) e na Idade Média (!), ela acaba remetendo a emergência da ciência social ao século XIX, isto é, ao marco da sociedade burguesa consolidada. Nas tendências "críticas" ou "radicais", a percepção é menos obscurecida: Duvignaud (1968) disserta sobre a sociologia como "filha da Revolução" (francesa).

139. Uma discussão instrutiva da significação de Vico encontra-se em Kofler (1968), que chega a considerá-lo "o verdadeiro fundador da nova sociologia" (p. 37). No mesmo texto, o autor aponta rapidamente para o curioso destino das teses de Ibn Khaldun. Em outra obra (Kofler, 1974), o analista tematiza amplamente as questões filosóficas aqui embutidas.

140. Lukács (1968, cap. VI) alude ao socialismo utópico como a outra vertente desta teoria social emergente. Para as relações — importantíssimas do ponto de vista da tradição marxista — entre Hegel e a economia política clássica, cf. Lukács (1963).

suportes elementares é dissolvido socialmente: o caráter *progressista* da burguesia, do seu papel histórico-social. Com efeito, a economia política clássica é uma apaixonada defesa da ordem capitalista em comparação com as formas sociais anteriores; mas se trata de uma defesa que nada tem de apologia: os clássicos não ocultam o "cinismo da realidade" (evoque-se a defesa de Ricardo em Marx, 1985b), apegam-se ao dinamismo social real e não recuam diante das contradições que, freqüentemente sem poder explicar, constatam. Quando a realidade econômico-social subverte a função histórico-universal da burguesia, que deixa de representar os "interesses gerais da humanidade", erode-se o patamar sobre que se erguia a teoria social dos economistas clássicos. Eis o que ocorre entre 1830 e 1848 — nesta etapa, a economia política clássica entra em crise (a primorosa análise desta crise, em seus componentes histórico-sociais e teórico-culturais, está basicamente em Marx, 1980, 1983 e 1985).

A crise se resolve em duas direções, antagônicas e excludentes: de uma parte, com Marx (e Engels), o resgate crítico dos componentes fundamentais da economia política clássica (v.g., a teoria do valor-trabalho) se efetiva na fundação de uma nova teoria social, cujo suporte histórico-social é a perspectiva de classe do proletariado (Lukács, 1974; uma abordagem sintética encontra-se em Netto, 1983b e 1990); de outra parte, surgem a economia vulgar (e, depois, a economia subjetiva) e a sociologia, esta auto-situada como a primeira das ciências sociais. Com Marx, o que se articula é o conhecimento teórico-sistemático do movimento da sociedade burguesa, fundado numa perspectiva (a perspectiva de classe do proletariado) para a qual o conhecimento veraz da estrutura e da dinâmica sociais burguesas é uma questão de vida ou de morte (Lukács, 1974). Com a economia vulgar e a sociologia, o que se articula é a auto-representação da sociedade burguesa, fundada numa perspectiva de ocultamento dos componentes da estrutura e da dinâmica sociais que revelam a natureza *transitória* (historicamente determinada) dessa sociedade.

Com a economia vulgar — cujo perfil apologético em face da ordem burguesa é inequívoco —, o que surge é "uma disciplina profissional de estreita especialização e temática muito limitada, que renuncia de antemão a explicar os fenômenos sociais e se propõe, como sua tarefa essencial, fazer desaparecer do campo da economia o problema da mais-valia" (Lukács, 1968: 471). Vale dizer: a economia se instaura como ciência social, disciplina autônoma e particular, que se atém somente a um "nível" do "todo" que é a sociedade (burguesa). E é à margem da economia assim constituída que se articula a sociologia — se, inicialmente, com Comte e Spencer, alenta a pretensão de ser uma "ciência universal da sociedade" (Lukács), logo se especializa, num processo de estruturação autônoma (centrando-se sobre outro "nível" daquele "todo") que seria similarmente reproduzido pelas outras ciências sociais particulares e especializadas. De fato, a base da sociologia, como ciência social, consiste na "escrupulosa desvinculação dos fenômenos sociais de sua base econômica"[141]. Esta base é a mesma das outras ciências sociais — de modo que cada uma delas trabalha um "nível", permanecendo a sua articulação com o "todo" um problema teoricamente desprezível e/ou metodologicamente irresoluto[142].

Para essas duas tradições teórico-culturais, a vertente marxiana e a vertente das ciências sociais (o positivismo e suas derivações), a possibilidade objetiva do conhecimento teórico veraz do social se apresenta desigualmente — e, realmente, em si mesmas, elas são a resultante teórico-cultural distinta daquela possibilidade. Com efeito, a "sociali-

---

141. Lukács (1968: 24-25). No mesmo local, o autor continua: "A deseconomização da sociologia implica, ao mesmo tempo, a sua desistorização: assim, os critérios determinantes da sociedade capitalista — expostos sob uma deformação apologética — podem ser apresentados como categorias 'eternas' de toda sociedade em geral. E não cremos que vale a pena perder tempo para demonstrar que semelhante metodologia não persegue outro fim que o de fazer ver, direta ou indiretamente, a impossibilidade do socialismo e de toda revolução".

No caso de se considerar exagerada a frase final desta citação, recomenda-se, entre centenas de ilustrações, apenas duas evocações: a teoria das "necessidades básicas do ser humano", desenvolvida pela antropologia funcionalista (e amplamente incorporada pelo Serviço Social) e a conhecida "teoria da estratificação social", elaborada por K. Davis e W. Moore.

142. Ou, nas sarcásticas palavras de Lukács (1968: 472-473): "Ao se converter, exatamente como a economia etc., numa ciência concreta rigorosamente especializada, à sociologia se colocam, como às demais ciências sociais específicas, problemas condicionados pela divisão capitalista do trabalho. E entre eles, e em primeiro lugar, uma tarefa que surge espontaneamente e da qual nunca adquire clara consciência a metodologia burguesa: de atribuir os problemas decisivos da vida social, por parte de uma disciplina especializada que como tal não é competente para resolvê-los, à jurisdição de outra disciplina também especial que, por seu turno — e com a mesma atitude conseqüente —, se declara incompetente. Como é natural, trata-se sempre daqueles problemas decisivos da vida social com relação aos quais a burguesia decadente possui um interesse cada vez maior em evitar que sejam claramente colocados e, mais ainda, resolvidos. O agnosticismo social como forma de defesa de posições ideológica e irremissivelmente condenadas adquire, assim, um estatuto metodológico, que funciona inconscientemente. É um procedimento bastante parecido à atitude da burocracia semifeudal-absolutista adaptada ao capitalismo, ou em vias de assimilar-se a ele, quando 'resolve' os problemas que lhe resultam embaraçosos remetendo os expedientes de uma repartição a outra, sem que nenhuma delas se declare competente para emitir uma decisão".

zação da sociedade", operada pelo capitalismo, é um fenômeno elementarmente contraditório: se instaura a *possibilidade objetiva* da teoria social, coloca, simultaneamente, um complexo de questões (histórico-sociais) que problematiza visceralmente a sua concretização. No centro dessas questões — em verdade, nucleando-as — está a inversão própria, específica e típica da sociedade burguesa, cravada mesmo no seu modo de ser social: o caráter radicalmente saturado de socialidade das suas relações sociais (a processualidade social do seu modo de ser) *não aparece como tal nas expressões imediatas da vida social*. Trata-se, aqui, da problemática aludida em seção precedente (cf. 2.3.): o padrão de objetividade social pertinente à sociedade burguesa (que chamamos *positividade*) necessariamente mistifica a processualidade que a constitui. A possibilidade de uma teoria social veraz — isto é, que não seja um mero paradigma explicativo, um modelo reflexivo e intelectivo que introduza no movimento social real uma lógica e um sentido externos a ele, mas que, alternativamente, capture as determinações essenciais e fundamentais da sua dinâmica e as resolva na sua processualidade — é função da ultrapassagem daquela positividade. Se não se dissolve a positividade, se não se remete a sua imediaticidade à malha de mediações objetivas inscrita na processualidade que ela sinaliza, o conhecimento que se pode construir não supera a faticidade epidérmica da empiria — pode oferecer diretrizes capazes para uma eficiente manipulação de variáveis empíricas da vida social, pode sistematizar a experiência do senso comum (indo além dela) no sentido de localizar nexos causais não perceptíveis numa observação aleatória, pode (no limite) elaborar uma explicação global reflexiva, intelectiva, para as evidências do movimento social. Pode, igualmente no limite, se produto de um esforço intelectual sistemático e refinado, construir modelos e/ou paradigmas analíticos e explicativos aptos para entregar do processo social uma *interpretação* escorada no *entendimento*[143].

Uma teoria social que extraia do movimento do ser social na sociedade burguesa as suas determinações concretas (isto é, que re-produza e re-construa a sua ontologia) e que, portanto, não tenha um valor puramente *instrumental*, é, nestas condições, função de dois vetores —

---

143. Escusa dizer que aqui reina a *Verstand*, não a *Vernunft*: "O *entendimento* determina e mantém firmes as determinações. A razão é *negativa* e *dialética*, porque resolve no nada as determinações do intelecto; é *positiva*, porque cria o universal e nele compreende o particular" (Hegel, 1968: 29).

precisamente os que propiciam a ultrapassagem da positividade e a apreensão da racionalidade do processo social efetivo, da sua *legalidade*[144]. Em primeiro lugar, uma *perspectiva de classe* para a qual a dissolução da positividade se constitua como uma exigência imanente; em segundo lugar, um *projeto teórico-metodológico* fundado num arsenal heurístico capaz de dar conta da processualidade específica do ser social próprio à sociedade burguesa. Somente a conjugação desses vetores permite a resolução da positividade na análise concreta da sua concreta processualidade. E, nos marcos da sociedade burguesa, essa conjunção é garantida apenas pelo *ponto de vista de classe do proletariado* e pelo projeto teórico-metodológico crítico-dialético[145].

Exatamente a *intercorrência* desses dois vetores é que está *ausente* na constituição da tradição positivista e das ciências sociais, bem como da sua evolução posterior — e quando nelas rebateram, freqüentemente derivaram em contrafações teórico-metodológicas da mais variada espécie[146]. A vinculação à perspectiva de classe proletária cancelaria qualquer lastro conservador — *e a tradição positivista é a típica resposta conservadora na cultura ocidental do século XIX*, e é no seu seio que se constituem as ciências sociais. O seu rechaço da herança crítico-dialética é, por sua vez, tanto uma operação teórico-cultural quanto histórico-social, como já está demonstrado persuasivamente: de uma parte, tratava-se de *estender* a racionalidade das ciências da natureza (nomeadamente a biologia e a física) à reflexão sobre a sociedade; de outra, tratava-se de recusar uma razão teórica que *negava* a ordem vigente (Marcuse, 1969).

Não é preciso que nos alonguemos sobre a relação *emergência das ciências sociais/pensamento conservador*, uma vez que ela está conclusivamente estabelecida por analistas de extração teórica e ideológica muito distinta (cf. Mannheim, 1963; Lukács, 1968; Marcuse,

---

144. "Do ponto de vista ontológico, legalidade significa simplesmente que, no interior de um complexo ou na relação recíproca de dois ou mais complexos, a presença factual de determinadas condições implica necessariamente, ainda que apenas como *tendência*, determinadas conseqüências" (Lukács, 1979: 104; o sublinhado não está no original).

145. Cf. especialmente Lukács (1974) e Kofler (1968). A fecunda argumentação de Löwy (1987) desenvolve com extremo cuidado esta problemática, assinalando que, em determinadas condições, raras porém ocorrentes, outras perspectivas de classe que não burguesas podem oferecer uma rica angulação crítica (ele aponta, especificamente, o caso de Sismondi).

146. Pense-se, como exemplo *a contrario,* na assunção da perspectiva de classe do proletariado sem o resgate do acervo crítico-dialético — é o caso de alguns representantes do *austromarxismo,* que preferencialmente se remontam não a Hegel, mas a Kant.

1969; Nisbet, in Bottomore e Nisbet, orgs., 1980 e Gouldner, 1973). Interessa indicar que esta relação genética foi progressivamente se metamorfoseando, conforme os contextos sócio-políticos e cultural-ideológicos e, no limite, manteve-se íntegra e explícita somente no nível da interpretação global do processo social. Parece claro que a institucionalização das ciências sociais, sua inserção acadêmica e sua incorporação a circuitos diretamente produtivos condicionaram, em larga medida, aquela metamorfose, gerando um espectro teórico-metodológico cuja diversidade é patente se se pensa em nomes como Durkheim, Weber, Mead, Mauss, Sorokin, Parsons, Gurvitch e Mills (Marcuse, 1967; Horowitz, 1969; Gouldner, 1973 e Shaw, 1978).

O aspecto axial dessa metamorfose está no progressivo abandono, por parte da sociologia (e, noutra escala, da antropologia — cf. Leclerc, 1973), da ambição de se constituir numa "ciência universal da sociedade". O afã de construir sistemas abrangentes, tão óbvio nos fundadores, submergiu no processo de especialização que conduziu as ciências sociais ao atoleiro do empiricismo mais chão — para o qual nem a "Grande Teoria" glosada por Mills ou a requisição das "teorias de médio alcance" ofereceram alternativas (Mills, 1969; Merton, 1968). Com esta submersão, as ciências sociais asseguraram-se um padrão ótimo, ainda que bem distanciado da inexistência de tensões e conflitos, de integração na cultura da sociedade burguesa consolidada e madura — mesmo que, de quando em quando, se ouçam lamentos pelo que esta integração custou em termos interpretativos ou de crítica social (para dois exemplos destas perorações, em tons muito diferenciados, cf. Sorokin, 1959 e Touraine, 1976). A divisão social (e técnica) do trabalho, no plano intelectual, foi entronizada na especialização e a positividade foi erigida em critério empírico último para a prova da "cientificidade"; a totalidade social concreta foi subsumida na vaga noção de "todo", com as "partes" nele integrando-se funcionalmente; o objeto das ciências sociais passou a ser "construído" não em função de sua objetividade concreta, mas da divisão social (e intelectual) do trabalho; o método (freqüentemente reduzido a pauta de operações *técnicas*) divorciou-se da teoria. Acumulou-se uma enorme massa crítica, formada essencialmente de investigações percucientes sobre aspectos muito limitados da vida social, desmontados e "decodificados" segundo uma racionalidade puramente analítica e instrumental. O verdadeiro problema da pesquisa da totalidade social concreta foi substituído pela "interdisciplinaridade" (ou "multidisciplinaridade"). Só no limite, ou seja, nas tentativas de globalização por via de uma construção teórica abrangente, é que o genético viés conservador se manteve plenamente — neste plano, o *pensamento conservador* demarca integralmente o horizonte das ciências sociais; quanto a isto, o visceral moralismo da mais ambiciosa intentona de teoria social contemporânea nas ciências sociais, a de Parsons, é eloqüente[147].

Fora das sínteses teóricas gerais e abrangentes, porém, o conservantismo original esbateu-se. A especialização — que, capitulando diante da necessidade de clarificar a totalidade social concreta, remete-a para o limbo do agnosticismo — propiciou operações analíticas que, juntamente com o exílio da angulação totalizante e totalizadora, permitem recortes da realidade e, nesta abstração, a construção de objetos de pesquisa passíveis de serem tratados segundo lógicas e instrumentos heurísticos que colidem entre si (com a colisão jamais sendo elevada à consciência do pesquisador). O *ecletismo* é promovido a componente da articulação teórica e do arsenal heurístico: ora se distinguem os procedimentos analíticos do quadro de referência macroscópico, ora se dá por suposto que as operações analíticas em si são neutras (podendo-se acoplar os seus resultados a indiscriminados esquemas teóricos)[148].

De fato, na evolução das ciências sociais, embasadas no positivismo e no neopositivismo, verifica-se que o substrato do pensamento conservador opera diferencialmente: se penetra toda a armação dos sistemas teóricos abrangentes que elas eventualmente constroem, nas suas operacionalizações particulares o que ele condiciona é ou o tratamento analítico ou o padrão de inserção (ou sua ausência) da análise dos objetos singulares ("recortados" e/ou "construídos") numa interpretação sistemática qualquer. Nomeadamente aqui é que o ecletismo se revela um *organon* metodológico.

A potenciação desta problemática, com a hipertrofia do ecletismo teórico e metodológico, é particularmente verificável no Serviço So-

---

147. Cf. especialmente Parsons (1949 e 1951). Sobre Parsons, cf. o ensaio de A. Dave, in Bottomore e Nisbet, orgs., (1980); Mills (1969); Rex (1973); Habermas (1986); a análise conclusiva de Parsons — da natureza da sua obra ao seu significado teórico-cultural — é mérito de Gouldner (1973).

148. São exemplares, aqui, as tentativas, de um lado, de Merton, para desvincular o funcionalismo do conservantismo e, doutro, de Shubkin, para legitimar, no marxismo, uma sociologia aplicada (cf. Merton, 1968 e Shubkin, 1978). Na tradição marxista, o ecletismo se prende também à pressuposição (presente em não poucos discípulos contemporâneos de Marx) de que não há uma relação excludente entre o pensamento marxiano e as ciências sociais.

cial. A filiação teórica do Serviço Social é indesmentível: vem, precisamente, na esteira da consolidação das ciências sociais. Em toda a sua história profissional, o sistema de saber que o ancora é um subproduto do desenvolvimento das ciências sociais (mais adiante, mencionaremos a pretensão de autonomizá-lo em relação a elas). A subalternidade técnica a que já nos referimos derivou aqui, inusitadamente, em marginalidade teórica. O quadro é complexo e merece uma observação mais atenta.

A vertente européia do Serviço Social profissional, em razão das características que salientamos (cf. a seção precedente), revelou-se mais refratária aos influxos das ciências sociais[149]. À medida que esta refratariedade se reduz, a sua permeabilidade é progressivamente visível em face do funcionalismo na versão durkheimiana, não como referência ao processo social geral — que esta permaneceu até muito recentemente prisioneira de uma concepção organo-corporativa, própria das matrizes do catolicismo social —, mas especialmente de dois elementos destacados da obra de Durkheim: a sua reacionária visão do sistema da divisão social do trabalho e a sua peculiar teorização sobre o normal e o patológico na vida social. No Serviço Social, porém, estes elementos da elaboração durkheimiana foram arrancados do seu contexto original e resolvidos numa ótica ainda mais restauradora e moralista do processo social (Verdès-Leroux, 1986). Somente no segundo pós-guerra começam a se constatar rebatimentos mais sensíveis das ciências sociais no Serviço Social europeu, condicionados, de um lado, pela interação com a vertente norte-americana e, doutro, pelo próprio desenvolvimento das ciências sociais no continente e na Inglaterra.

Outra foi a sorte da vertente norte-americana, desde as suas origens muito próxima ao desenvolvimento das ciências sociais. Ela surge sob a égide da sociologia em processo de institucionalização; entre a Primeira Guerra Mundial e a grande crise, o exercício profissional do assistente social é parametrado pela noção de uma *ciência social sintética aplicada* — é neste marco que Richmond procura elaborar pautas de intervenção. O caráter *aplicado* provinha da convicção de que era essencial à profissão intervir sobre variáveis prático-empíricas, mais

---

149. Há que considerar também, quanto a isto, a diferença no desenvolvimento das ciências sociais na Europa Ocidental e na América do Norte. Contribui para clarificar esta diferença a obra de Gurvitch (1950) e a síntese que o mesmo autor apresenta na "Introdução" ao *Tratado* que dirigiu posteriormente (Gurvitch, 1962, I: 31 e ss.).

que qualquer outra dimensão; o traço *sintético* derivava do tônus sistemático da sociologia norte-americana de então.

A viragem dos anos trinta, acrescida à interação que se segue com a vertente européia, marca uma inflexão profunda na trajetória do Serviço Social norte-americano. Nele rebate, com todo o vigor, a especialização que toma de assalto as ciências sociais e que, muito particularmente nos Estados Unidos, logo revelará as suas potencialidades instrumentais. Os elementos constitutivos deste processo nas ciências sociais ganharão no Serviço Social uma ponderação diversa — e maior.

Por um lado, o Serviço Social não participará do processo como um interveniente que protagoniza o seu desdobramento interno — antes, será um *receptor* dos resultados desse desdobramento. Não estará vinculado à produção dos saberes especializados das ciências sociais: receberá os seus produtos, dos quais se beneficiará também enquanto chancelados pelo estatuto "científico" do meio de que provinham. Concebidas as ciências sociais como subsidiárias para a formação profissional, esta se colocava como o estuário daquelas[150]. Situando-se desde então como uma espécie de desaguadouro das produções das ciências sociais, o Serviço Social se vulnerabilizava duplamente: primeiro, porque se lhe atrofiava a capacidade crítica para sopesar a natureza, a funcionalidade e o sentido daquelas produções, cujo processamento se lhe escapava; segundo, porque ficava à mercê dos movimentos institucionais que conferiam ou não àquelas produções a chancela da "cientificidade"[151].

A cristalização desta relação receptora, todavia, implicou em duas outras conseqüências de alcance ainda pouco avaliado. Os profissionais tiveram deslocado o eixo de apreciação e crítica dos subsídios que

---

150. Já na *Conferência de Milford* esta concepção da relação entre Serviço Social e ciências sociais aparece nítida. Sobre este ponto, cf. ainda MacIver (1931).

Dentre os autores que, posteriormente, se dedicaram a discutir a relação entre o Serviço Social e as ciências sociais, destaca-se Greenwood, que caracterizou a profissão como uma "teoria prática", com estrutura de "tecnologia social" (Greenwood, 1969). O professor norte-americano (que, aliás, exerceu sensível influência na América Latina no final dos anos sessenta — cf. Kruse, 1972) não foge à tradição neopositivista, embora seja importante assinalar que sua avaliação da "teoria do Serviço Social" possui elementos extremamente interessantes.

151. E é supérfluo evocar que tais movimentos — especialmente numa estrutura acadêmica como a norte-americana, onde a dissensão sempre teve um custo altíssimo (recordem-se os conflitos vividos por um Veblen e os sacrifícios experimentados por um Mills) — às vezes expressam injunções e interesses corporativos menores e inteiramente extrateóricos.

recebiam: o critério que os legitimava não era a sua veracidade ou validez, mas o sistema de saber de onde se desprendiam. A resultante é: *a*) o tônus do Serviço Social tendia a ser *heteronômico*, isto é, tendia a ser dinamizado a partir da valoração "científico"-acadêmica variável desfrutada num momento dado por uma ou outra ciência social ou uma de suas correntes[152]; *b*) a verificação da validez dos subsídios tendeu a desaparecer do horizonte profissional do assistente social — já que prévia e supostamente realizada no sistema de saber de origem —, *donde uma escassa atenção à pesquisa e à investigação* (e as escassas predisposição e formação para tanto). A outra conseqüência deletéria foi a consolidação do *praticismo* na intervenção do profissional (praticismo que, como vimos, deita raízes na própria emergência da funcionalidade histórico-social do Serviço Social); tacitamente, o caráter "aplicado" da intervenção profissional passou a equivaler ao cancelamento da inquietação em face dos produtos das ciências sociais.

Entretanto, e por outro lado, dadas as necessidades profissionais e interventivas do Serviço Social, essa condição de receptáculo dos produtos das ciências sociais era insuficiente — e, pois, ela é apenas um aspecto da relação do Serviço Social com as ciências sociais; há outro, de igual importância: o de soldar de alguma forma esses contributos externos num quadro de referência minimamente articulado e estável — uma espécie de *sistema de saber de segundo grau*, obtido pela acumulação seletiva dos subsídios das ciências sociais conforme as necessidades da própria profissão. A história profissional do Serviço Social, a partir da vertente norte-americana e, depois, da sua afirmação hegemônica, em escala mundial, é uma sucessão de sistemas de saber deste quilate[153].

Ressalte-se, portanto, o caráter também *ativo* do Serviço Social profissional em face da sua matriz teórica — as ciências sociais de extração positivista. A constituição desses sistemas de saber de segundo grau, todavia, não se enfermou somente das mazelas indicadas quando se tratou da sua postura receptora; nela comparecem problemáticas específicas.

---

152. Uma das expressões imediatas deste fenômeno é o *modismo* intelectual que afeta o Serviço Social.

153. Os marcos privilegiados desta sucessão são as obras "clássicas" que demarcaram os campos e os âmbitos da profissão.

A primeira diz respeito à manutenção contínua de um referencial interpretativo explícito abrangente da ordem social — que, como vimos, só se revela como tal nas ciências sociais quando estas intentam uma teoria social macroscópica. Este referencial, no Serviço Social, esteve sempre travejado pelo seu sincretismo ideológico conservador (quer restaurador, quer modernizador). Ora, a compatibilização desse referencial com a incorporação de subsídios avulsos das ciências sociais já constitui, em si mesma, uma *démarche* que envolve os mais sérios dilemas.

Mas estes (não solucionados pelos assistentes sociais) não são os mais salientes — são-no aqueles relativos a uma outra problemática: a construção de um sistema de saber de segundo grau à base de produtos de ciências sociais que, em suas relações recíprocas, registravam ampla assimetria — nos seus procedimentos teóricos, nos seus tratamentos técnicos e nas suas operações analíticas. O sistema de saber de segundo grau, compulsoriamente unificador, não podia revelar-se uma *síntese* — era necessariamente um *agregado*, tanto em função dos materiais que combinava quanto em razão das exigências profissionais (do Serviço Social) que o comandavam. Ergue-se, pois, um sistema de saber que, de segundo grau, é eminentemente *sincrético* — e, na elaboração do saber, o sincretismo é a face visível do *ecletismo*; ou, se se quiser, o ecletismo é o sincretismo do Serviço Social no nível do *seu* (de segundo grau) sistema de saber.

As elaborações formal-abstratas do Serviço Social profissional (a sua chamada teorização), portanto, são medularmente ecléticas — e este traço básico não pode ser creditado a características episódicas ou a condições biográficas dos protagonistas profissionais. Ele decorre da filiação teórica do Serviço Social (o sistema de saber a que se prende) e, simultaneamente, da resposta que articula para orientar-se com um sistema de saber (de segundo grau) que tenha pertinência direta com a sua *prática* profissional. Assim é que a massa crítica acumulada em mais de meio século de institucionalização profissional, malgrado as inflexões, os giros, as mudanças etc., apresenta-se com uma estrutura reiterativa: o apelo a diferentes ciências sociais, com o recurso a componentes nem sempre compatíveis com a moldura em que são inseridos, para subsidiar práticas e representações que desbordam o limite de cada uma. Desta forma, a psicologia do ego se imbrica com uma teoria do equilíbrio social, a psiquiatria se engrena com uma teoria dos microssistemas sociais, a psicanálise se articula com a dinâmica dos pequenos grupos, a teoria funcionalista da mudança social se sintoniza com os esquemas dualistas em economia etc.[154].

Efetivamente, o essencial das elaborações formal-abstratas do Serviço Social até os anos sessenta, à parte a documentação de registro factual, revela fundamentalmente que a chamada teorização do Serviço Social desenvolveu-se em duas linhas principais: ou *a constituição desse saber de segundo grau*, com o ecletismo operando elementarmente, ou *a sistematização da prática profissional*, conforme cânones interpretativos subordinados imediatamente às ciências sociais e mediatamente ao referencial ideológico do horizonte profissional[155]. Essa sistematização da prática, com freqüência, apresenta-se sob forma mistificada, aparentando ser, em si mesma, dadas as suas orientações normativas, uma condensação de conhecimento teórico; se o ecletismo é constitutivo da primeira linha, aqui ele adquire formas quase caricaturais[156].

O problema substantivo que se coloca, a esta altura, é determinar se o sincretismo teórico do Serviço Social é um dado permanente, a que estaria condenada a profissão, ou se pode ser ultrapassado. Este problema veio à tona, com especial nitidez, a partir dos anos sessenta, quando ganharam corpo no bojo da profissão tendências críticas e renovadoras (com flagrante destaque, na América Latina, para o chamado movimento de reconceptualização). A hipoteca do Serviço Social ao sistema de saber das ciências sociais de extração positivista foi largamente denunciada e não se pouparam críticas ao lastro eclético da

---

154. Estes "modelos" são extraídos basicamente de Hamilton (1962), Ware (1964) e Konopka (1972). Mas são inteiramente verificáveis em Vv. Aa. (1949), Hamilton e Hyman (1954), Parad (1958), Apteker (1955), Sullivan (1956), Paré (1966) e Ross (1967). E podem ser constatáveis com impressionante nitidez em Friedlander et alii (1969; esta obra, editada originalmente em 1963, é extremamente representativa do sincretismo difuso do Serviço Social).

155. Vale como exemplo de preocupação em vincular estes dois níveis a partir da prática profissional o esforço levado a cabo, na segunda metade dos anos cinqüenta, pela Associação Nacional de Assistentes Sociais dos Estados Unidos (NASW), para formular uma "Working Definition of Social Work Practice", bem como o empenho de autores — como Bartlett — para pensar uma "base comum" para o Serviço Social a partir da sua prática; na obra já citada de Bartlett (1976), vem anexa, aliás, a dita "definição operacional da prática do Serviço Social".

156. O fenômeno tem uma visibilidade maior quando esta pretensa teorização se concentra sobre procedimentos técnicos determinados ou modelos formal-abstratos de conduta profissional; cf., à guisa de exemplo, Garrett (1942) e Biesteck (1971).

sua teorização[157]. Nos desdobramentos do chamado movimento de reconceptualização, não faltaram sugestões conforme as quais é possível uma teoria do Serviço Social indene das mazelas apontadas, desde que fundada em outros referenciais teórico-metodológicos e reenviando-se a matrizes ideológicas distintas do travejamento conservador.

Nosso entendimento vai em rumo diferente. Se estamos convencidos de que a filiação teórica do Serviço Social às ciências sociais da extração positivista não é um dado irreversível (ao contrário: ele pode apanhar seus parâmetros teóricos na tradição instaurada por Marx) e se, igualmente, estamos convictos de que sua vinculação ao pensamento conservador não é um componente inevitável (também ao contrário: ele pode nutrir-se de um projeto societário colado a aspirações sociocêntricas revolucionárias), consideramos, entretanto, que a ele está sempre interditada, *a limine*, uma construção teórica específica (e, por via de conseqüência, a construção de uma metodologia particular).

A alternativa de um Serviço Social profissional liberado da tradição positivista e do pensamento conservador não lhe retirará o seu estatuto fundamental: o de uma atividade que responde, no quadro da divisão social (e técnica) do trabalho da sociedade burguesa consolidada e madura, a demandas sociais prático-empíricas. Ou seja: em qualquer hipótese, o Serviço Social não se instaurará como núcleo produtor teórico específico — permanecerá *profissão*, e seu objeto será um complexo heteróclito de situações que demandam intervenções sobre variáveis empíricas. Esta argumentação não cancela nem a produção teórica *dos assistentes sociais* (que não será a "teoria" do Serviço Social e que, naturalmente, suporá a sistematização da sua prática, mas sem se confundir ou identificar com ela[158]) nem o estabelecimento formal-abstrato de pautas orientadoras para a intervenção profissional. A primeira, se tiver efetivamente uma natureza e um conteúdo teórico, inserir-se-á no contexto de uma teoria social — e, pois, transcenderá a profissão como tal. O segundo configurará estratégias para a intervenção profissional, mas não plasmará qualquer impostação metodológica — que esta pertence, indescartavelmente, à teoria (exceto, naturalmente, se se

---

157. Estas duas ordens de críticas, desenvolvidas muito diferencialmente, estão presentes em quase todos os autores que se vincularam ao chamado movimento de reconceptualização; cf. as indicações bibliográficas já feitas ao longo deste Capítulo.

158. Sobre a questão da sistematização da prática em Serviço Social e sua relação com a teorização, cf. Netto (in Vv. Aa., 1989: 141-153).

pretender que há método de investigação e "método de intervenção"). Em síntese: a ultrapassagem do sincretismo teórico — que se expressa no viés do ecletismo — no Serviço Social, conectada à superação do seu lastro no pensamento conservador, é projeto que não erradica o sincretismo da fenomenalidade do seu exercício profissional. Todavia, a superação do ecletismo teórico implica a interdição de qualquer pretensão do Serviço Social de posicionar-se como um sistema original de saber, como portador de uma teoria particular referenciada à sua intervenção prático-profissional.

Essas notações, em nossa ótica, valem para o passado mais remoto e para o mais próximo. Para o mais distante, indicam que, postas as condições do exercício profissional, do arcabouço ideológico e da filiação teórica, o ecletismo era *inevitável*. Para o passado mais próximo, cenário de um relevante processo de renovação do Serviço Social, indicam que a superação do sincretismo ideológico e teórico só é uma alternativa viável se, além de cortar com o seu travejamento original e tradicional, cancelar-se uma pretensão teórico-metodológica própria e autônoma. A experiência mostrou que, mantida esta — e, com ela, sub-repticiamente, *as incidências da tradição positivista (e neopositivista)* —, a renovação do Serviço Social reitera o ecletismo.

Apêndice à terceira edição:
Cinco notas a propósito da "questão social"

Na agenda contemporânea do Serviço Social brasileiro, a "questão social" é ponto saliente, incontornável e praticamente consensual.

E o é por razões mais que sólidas: de uma parte, está a pressão que sobre a prática profissional dos assistentes sociais exerce o fato de que, corridas quase duas décadas da derrota da ditadura, a chamada *dívida social*, longe de ser resgatada com a restauração democrática, foi *acrescida*[1]; de outra, porque a continuidade do processo de renovação profissional exigiu uma atualização da formação acadêmica que, muito corretamente, está ancorando o projeto formativo na intervenção sobre a "questão social"[2]. Entretanto, rebate ainda nesta saliência da "questão social" o renovado interesse que ela tem despertado sobre in-

---

1. E para este acréscimo não foi pequena a contribuição oferecida pela orientação macroeconômica que os dois governos FHC implementaram, com o respaldo dos organismos representativos do capital financeiro internacional e para gáudio dos seus sócios nativos, além, naturalmente, da alegre capitulação de boa parte da intelectualidade acadêmica. O desastre que esta orientação tem significado para a massa da população brasileira não pode ser abordado aqui — mas alguns dos seus indicadores estão recolhidos no volume organizado por I. Lesbaupin, *O desmonte da nação. Balanço do governo FHC* (Petrópolis, Vozes, 1999).

2. "O Serviço Social se particulariza nas relações sociais de produção e reprodução da vida social como uma profissão interventiva no âmbito da questão social, expressa pelas contradições do desenvolvimento do capitalismo monopolista" ("Diretrizes gerais para o Curso de Serviço Social", ABESS/CEDEPSS. *Cadernos ABESS*. São Paulo, Cortez, nº 7, 1997, p. 60).

vestigadores europeus — nomeadamente franceses —, cuja obra influi na elaboração de pesquisadores e docentes brasileiros da área do Serviço Social.

Assim, a atualidade da "questão social" se põe tanto para os assistentes sociais *de campo* quanto para aqueles que se ocupam, especialmente na academia, com a formação das novas gerações profissionais e com a investigação da realidade social.

Mas é fato que a expressão "questão social" não é semanticamente unívoca; ao contrário, registram-se em torno dela compreensões diferenciadas e atribuições de sentido muito diversas. Qualquer esforço de precisão, neste domínio, deve ser saudado — muito particularmente porque favorece o esclarecimento das referências maiores a partir das quais ela é utilizada. Por isto, considero extremamente oportuno que os organizadores do VII ENPESS tenham reservado um espaço para tematizar especificamente a "questão social".

E, agradecendo o convite para participar deste evento, quero desde já assinalar o caráter extremamente modesto da minha intervenção, que busca, apenas e tão somente, oferecer algumas determinações históricas e críticas para circunscrever o que entendo como "questão social", no marco da tradição teórico-política em que ainda me situo, contra ventos e marés — *a tradição marxista*.

1.

Todas as indicações disponíveis sugerem que a expressão "questão social" tem história recente: seu emprego data de cerca de cento e setenta anos. Parece que começou a ser utilizada na terceira década do século XIX e foi divulgada até a metade daquela centúria por críticos da sociedade e filantropos situados nos mais variados espaços do espectro político[3].

A expressão surge para dar conta do fenômeno mais evidente da história da Europa Ocidental que experimentava os impactos da pri-

---

3. Desde um legitimista francês como Armand de Melun a um jovem revolucionário alemão como F. Engels (cf. *A situação da classe trabalhadora na Inglaterra*. São Paulo, Global, 1986). Curiosamente, a expressão "questão social" emerge praticamente ao mesmo tempo em que surge, no léxico político, a palavra *socialismo*.

meira onda industrializante, iniciada na Inglaterra no último quartel do século XVIII: trata-se do fenômeno do *pauperismo*. Com efeito, a pauperização (neste caso, *absoluta*) massiva da população trabalhadora constituiu o aspecto mais imediato da instauração do *capitalismo* em seu estágio industrial-concorrencial e não por acaso engendrou uma copiosa documentação[4].

Para os mais lúcidos observadores da época, independentemente da sua posição ídeo-política, tornou-se claro que se tratava de um *fenômeno novo*, sem precedentes na história anterior conhecida[5]. Com efeito, se não era inédita a *desigualdade* entre as várias camadas sociais, se vinha de muito longe a *polarização* entre ricos e pobres, se era antiqüíssima a *diferente* apropriação e fruição dos bens sociais, era *radicalmente nova* a dinâmica da pobreza que então se generalizava[6].

Pela primeira vez na história registrada, *a pobreza crescia na razão direta em que aumentava a capacidade social de produzir riquezas*. Tanto mais a sociedade se revelava capaz de progressivamente produzir mais bens e serviços, tanto mais aumentava o contingente de seus membros que, além de não terem acesso efetivo a tais bens e serviços, viam-se despossuídos das condições materiais de vida de que dispunham anteriormente. Se, nas formas de sociedade precedentes à sociedade burguesa, a pobreza estava ligada a um quadro geral de escassez (quadro em larguíssima medida determinado pelo nível de desenvolvimento das forças produtivas materiais e sociais), agora ela se mostrava

---

4. O texto de Engels, referido na nota anterior, é apenas um exemplo de uma larga bibliografia, na qual concorreram autores de posições ídeo-políticas as mais diversas (com destaque para Villermé, Ducpétiaux, Buret). Até mesmo um conservador como Tocqueville ocupou-se do problema, na sua *Mémoire sur le paupérisme*, apresentada à Academia de Cherbourg em 1835.

5. No seu ensaio *As metamorfoses da questão social. Uma crônica do salário* (Petrópolis, Vozes, 1998, p. 284), Robert Castel assinala que autores como E. Buret e A. de Villeneuve-Bargemont tinham consciência da *novidade* do pauperismo em questão, cabendo mesmo a sua caracterização como uma *nova pobreza*.

6. Dados quantitativos do quadro do pauperismo europeu estão disponíveis tanto em obras estritamente históricas (cf., por exemplo, E. J. Hobsbawm, *A era das revoluções. 1789-1848*. Rio de Janeiro, Paz e Terra, 1988, ou, especificamente para a Inglaterra, E. P. Thompson, *A formação da classe operária inglesa*. Rio de Janeiro, Paz e Terra, I-II-III, 1987) quanto em textos de natureza sociológica (cf. o citado trabalho de R. Castel). Releva notar que, no século XX, muito antes do interesse acadêmico "descobrir" os *excluídos*, foi um marxista norte-americano quem dedicou especial atenção ao pauperismo (cf. a obra, originalmente publicada em 1936, de Leo Huberman, *História da riqueza do homem*. Rio de Janeiro, Guanabara, 1986).

conectada a um quadro geral tendente a reduzir com força a situação de escassez. Numa palavra, a pobreza acentuada e generalizada no primeiro terço do século XIX — o *pauperismo* — aparecia como nova precisamente porque ela se produzia pelas mesmas condições que propiciavam os supostos, no plano imediato, da sua redução e, no limite, da sua supressão.

A designação desse pauperismo pela expressão "questão social" relaciona-se diretamente aos seus desdobramentos sócio-políticos. Mantivessem-se os pauperizados na condição cordata de vítimas do destino, revelassem eles a resignação que Comte considerava a grande virtude cívica e a história subseqüente haveria sido outra. Lamentavelmente para a ordem burguesa que se consolidava, os pauperizados não se conformaram com a sua situação: da primeira década até a metade do século XIX, seu protesto tomou as mais diversas formas, da violência *luddista* à constituição das *trade unions*[7], configurando uma ameaça real às instituições sociais existentes. Foi a partir da perspectiva efetiva de uma eversão da ordem burguesa que o pauperismo designou-se como "questão social".

2.

A partir da segunda metade do século XIX, a expressão "questão social" deixa de ser usada indistintamente por críticos sociais de diferenciados lugares do espectro ídeo-político — *ela desliza, lenta mas nitidamente, para o vocabulário próprio do pensamento conservador*.

O divisor de águas, também aqui, é a Revolução de 1848. De um lado, os eventos de 1848, encerrando o ciclo progressista da ação de classe da burguesia, impedem, a partir de então, aos intelectuais a ela vinculados (enquanto *seus representantes ideológicos*) a compreensão dos nexos entre economia e sociedade — donde a interdição da compreensão da relação entre desenvolvimento capitalista e pauperização. Posta em primeiro lugar, com o caráter de urgência, a manutenção e a defesa da ordem burguesa, a "questão social" perde paulatinamente sua

---

7. Uma síntese bastante didática da história do movimento operário encontra-se em W. Abendroth, *A história social do movimento trabalhista europeu* (Rio de Janeiro, Paz e Terra, 1977).

estrutura histórica determinada e é crescentemente *naturalizada*, tanto no âmbito do pensamento conservador laico quanto no do confessional (que, aliás, tardou até mesmo a reconhecê-la como pertinente).

Entre os pensadores laicos, as manifestações imediatas da "questão social" (forte desigualdade, desemprego, fome, doenças, penúria, desamparo ante conjunturas econômicas adversas etc.) são vistas como o desdobramento, na sociedade moderna (leia-se: burguesa), de *características inelimináveis de toda e qualquer ordem social*, que podem, no máximo, ser objeto de uma intervenção política limitada (preferencialmente com suporte "científico"), capaz de amenizá-las e reduzi-las através de um ideário *reformista* (aqui, o exemplo mais típico é oferecido por Durkheim e sua escola sociológica). No caso do pensamento conservador confessional, se se reconhece a gravitação da "questão social" e se se apela para medidas sócio-políticas para diminuir os seus gravames, insiste-se em que somente sua exacerbação contraria a *vontade divina* (é emblemática, aqui, a lição de Leão XIII, de 1891).

Em qualquer dos dois casos — o que, aliás, explica a perfeita complementaridade político-prática dessas duas vertentes do conservadorismo —, mesmo as reduzidas reformas sociais possíveis estão hipotecadas a uma *reforma moral do homem e da sociedade*. De fato, no âmbito do pensamento conservador, a "questão social", numa operação simultânea à sua naturalização, é convertida em objeto de *ação moralizadora*. E, em ambos os casos, o enfrentamento das suas manifestações deve ser função de um programa de reformas que preserve, antes de tudo e mais, a *propriedade privada dos meios de produção*. Mais precisamente: o cuidado com as manifestações da "questão social" é expressamente desvinculado de qualquer medida tendente a problematizar a ordem econômico-social estabelecida; *trata-se de combater as manifestações da "questão social" sem tocar nos fundamentos da sociedade burguesa*. Tem-se aqui, obviamente, um *reformismo para conservar*[8].

Mas a explosão de 1848 não afetou somente as expressões ideais (culturais, teóricas, ideológicas) do campo burguês. Ela feriu substantivamente as bases da cultura política que calçava até então o movi-

---

8. Não se pode confundir o pensamento conservador, que ganha densidade e expansão após 1848, com o *reacionarismo*. Se, para este, a alternativa às mazelas da ordem burguesa consiste na restauração do Antigo Regime, o que é próprio ao pensamento conservador é o *reformismo*, no interior — e sem feri-las — das instituições fundantes do mundo do capital.

mento dos trabalhadores: 1848, trazendo à luz o caráter antagônico dos interesses sociais das classes fundamentais, acarretou a dissolução do ideário formulado pelo *utopismo*. Dessa dissolução resultou a clareza de que a resolução efetiva do conjunto problemático designado pela expressão "questão social" seria função da eversão completa da ordem burguesa, num processo do qual estaria excluída qualquer colaboração de classes[9] — uma das resultantes de 1848 foi a passagem, em nível histórico-universal, do proletariado da condição de *classe em si* a *classe para si*. As vanguardas trabalhadoras acederam, no seu processo de luta, à *consciência política* de que a "questão social" está *necessariamente* colada à sociedade burguesa: *somente a supressão desta conduz à supressão daquela*.

A partir daí, o pensamento revolucionário passou a identificar na expressão "questão social" uma tergiversação conservadora, e a só empregá-la indicando este traço mistificador[10].

3.

Mas consciência política não é o mesmo que *compreensão teórica* — e o movimento dos trabalhadores tardaria ainda alguns anos a encontrar os instrumentos teóricos e metodológicos para apreender a gênese, a constituição e os processos de reprodução da "questão social".

Se, já nas vésperas da eclosão de 1848, K. Marx avançava no rumo daquela compreensão — como se pode verificar nitidamente nas suas duas obras mais importantes então publicadas[11] —, é apenas com a publicação, em 1867, do primeiro volume d'*O Capital*[12], que a razão teórica acedeu à compreensão do complexo de causalidades da "questão

---

9. Para que se tenha uma noção das ilusões do utopismo, recorde-se que um de seus mais dotados e conseqüentes representantes, Robert Owen, preparou um memorial dirigido a todos "os republicanos vermelhos, comunistas e socialistas da Europa", enviado tanto ao governo provisório francês de 1848 quanto... à "rainha Vitória e seus conselheiros responsáveis"!
10. Daí, pois, as aspas que utilizo sempre que a ela me refiro.
11. Penso especificamente na *Miséria da filosofia* (São Paulo, Global, 1986) e, em colaboração com F. Engels, no *Manifesto do partido comunista* (São Paulo, Cortez, 1998).
12. Entre as várias edições em português, cf. K. Marx, *O capital. Crítica da economia política* (São Paulo, Abril Cultural, vol. I, tomos 1-2, 1983-1984).

social". Somente com o conhecimento rigoroso do "processo de produção do capital" Marx pôde esclarecer com precisão a dinâmica da "questão social", consistente em um complexo problemático muito amplo, irredutível à sua manifestação imediata como pauperismo[13].

A análise marxiana da "lei geral da acumulação capitalista", contida no vigésimo terceiro capítulo do livro publicado em 1867[14], revela a anatomia da "questão social", sua complexidade, seu caráter de *corolário (necessário)* do desenvolvimento capitalista *em todos os seus estágios*. O desenvolvimento capitalista produz, compulsoriamente, a "questão social" — *diferentes estágios capitalistas produzem diferentes manifestações da "questão social"*; esta não é uma seqüela adjetiva ou transitória do regime do capital: sua existência e suas manifestações são *indissociáveis* da dinâmica específica do capital tornado potência social dominante. A "questão social" é *constitutiva* do desenvolvimento do capitalismo. Não se suprime a primeira conservando-se o segundo.

A análise de conjunto que Marx oferece n'*O capital* revela, luminosamente, que a "questão social" está elementarmente determinada pelo traço próprio e peculiar da relação capital/trabalho — a *exploração*. A exploração, todavia, apenas remete à determinação molecular da "questão social"; na sua integralidade, longe de qualquer unicausalidade, ela implica a intercorrência mediada de componentes históricos, políticos, culturais etc. *Sem ferir de morte os dispositivos exploradores do regime do capital, toda luta contra as suas manifestações sócio-políticas e humanas (precisamente o que se designa por "questão social") está condenada a enfrentar sintomas, conseqüências e efeitos.*

A análise marxiana fundada no caráter explorador do regime do capital permite, muito especialmente, situar com radicalidade histórica a "questão social", isto é, distingui-la das expressões sociais derivadas da escassez nas sociedades que precederam a ordem burguesa. A exploração não é um traço distintivo do regime do capital (sabe-se, de fato, que formas sociais assentadas na exploração precedem largamente a ordem burguesa); *o que é distintivo desse regime, entre outros tra-*

---
13. É de notar que, tanto na *Miséria da filosofia* quanto no *Manifesto do partido comunista*, Marx prognostica que o desenvolvimento do capitalismo implica em *pauperização absoluta* da massa proletária. É em *O capital* que ele distinguirá os mecanismos de *pauperização absoluta* e *relativa*.

14. Cf., na edição citada na nota 12, o tomo 2, p. 187 e ss.

ços, *é que a exploração se efetiva num marco de contradições e antagonismos que a tornam, pela primeira vez na história registrada, suprimível sem a supressão das condições nas quais se cria exponencialmente a riqueza social*. Ou seja: a supressão da exploração do trabalho pelo capital, constituída a ordem burguesa e altamente desenvolvidas as forças produtivas, não implica — bem ao contrário! — redução da produção de riquezas.

Nas sociedades anteriores à ordem burguesa, as desigualdades, as privações etc. decorriam de uma *escassez* que o baixo nível de desenvolvimento das forças produtivas não podia suprimir (e a que era correlato um componente ideal que legitimava as desigualdades, as privações etc.); na ordem burguesa constituída, decorrem de uma *escassez produzida socialmente*, de uma escassez que resulta necessariamente da contradição entre as forças produtivas (crescentemente socializadas) e as relações de produção (que garantem a apropriação privada do excedente e a decisão privada da sua destinação). A "questão social", nesta perspectiva teórico-analítica, não tem nada a ver com o desdobramento de *problemas sociais* que a ordem burguesa herdou ou com *traços invariáveis da sociedade humana*; tem a ver, exclusivamente, com a sociabilidade erguida sob o comando do capital.

Da análise teórica marxiana, porém, não se pode derivar o imobilismo sócio-político consistente na espera de um *dia D*, ou uma *hora H*, revolucionariamente catastrófica, em que o regime do capital seja reduzido a escombros — e, com ele, desapareça a exploração. Da análise marxiana o que legitimamente fica interditado é, tão somente, qualquer ilusão acerca do alcance das reformas no *interior* do capitalismo.

4.

Na seqüência da Segunda Guerra Mundial, e no processo de reconstrução econômica e social que então teve curso, especialmente na Europa Ocidental, o capitalismo experimentou o que alguns economistas franceses denominaram de "as três décadas gloriosas" — da reconstrução à transição dos anos sessenta aos setenta, mesmo sem erradicar as suas crises periódicas, o regime do capital viveu uma larga conjuntura de crescimento econômico. Não por acaso, a primeira metade dos anos sessenta assistiu à caracterização da sociedade capitalista — evidentemente desconsiderando o inferno da sua periferia, o então chamado Terceiro Mundo — como *sociedade afluente, sociedade de consumo*.

A construção do *Welfare State* na Europa nórdica e nalguns países da Europa Ocidental, bem como o dinamismo da economia norte-americana (desde a Segunda Guerra, o carro-chefe do capitalismo mundial), pareciam remeter para o passado a "questão social" e suas manifestações — elas eram um quase privilégio da periferia capitalista, às voltas com os seus problemas de "subdesenvolvimento". Apenas os marxistas insistiam em assinalar que as melhorias no conjunto das condições de vida das massas trabalhadoras não alteravam a essência exploradora do capitalismo, continuando a revelar-se por intensos processos de pauperização *relativa* — apenas os marxistas e uns poucos críticos sociais, como Michael Harrington, que tinha a coragem de investigar "a pobreza, o outro lado da América".

Na entrada dos anos setenta, esgotou-se a *onda longa expansiva* da dinâmica capitalista[15]. À redução das taxas de lucro, condicionadas também pelo ascenso do movimento operário — que alcançara significativas vitórias naqueles e nos anos imediatamente anteriores[16] —, o capital respondeu com uma ofensiva política (de início, basicamente repressiva — recorde-se o trato que ao movimento sindical brindaram a Sra. Tatcher e R. Reagan —, depois fundamentalmente de natureza ideológica) e econômica. O que se seguiu é conhecido (trata-se do que Ruy Braga denominou de *a restauração do capital*) e não precisa ser retomado aqui[17]: a conjunção "globalização" mais "neoliberalismo" veio para demonstrar aos ingênuos que o capital não tem nenhum "compromisso social" — o seu esforço para romper com qualquer regulação política, extramercado, tem sido coroado de êxito. Erodiu-se o funda-

---

15. Cf. E. Mandel, *O capitalismo tardio* (São Paulo, Abril Cultural, 1982).

16. Cf. o ensaio de Vicente Navarro *in* Asa Cristina Laurell, org., *Estado e políticas sociais no neoliberalismo* (São Paulo, Cortez/CEDEC, 1995).

17. Para as questões subseqüentes, cf. especialmente J. Paulo Netto, *Crise do socialismo e ofensiva neoliberal* (São Paulo, Cortez, 1993); David Harvey, *Condição pós-moderna* (São Paulo, Loyola, 1996); Michel Husson, *Miséria do capital* (Lisboa, Terramar, 1999), O. Coggiola, org., *Globalização e socialismo* (São Paulo, Xamã, 1997), F. Chesnais, *A mundialização do capital* (São Paulo, Xamã, 1996), S. de Brunhoff, *A hora do mercado* (São Paulo, UNESP, 1991), E. Sader e P. Gentilli, orgs., *O pós-neoliberalismo* (Rio de Janeiro, Paz e Terra, 1995) e Francisco J. Teixeira e Manfredo A. Oliveira, orgs., *Neoliberalismo e reestruturação produtiva* (São Paulo, Cortez/UECE, 1998).

mento do *Welfare State* em vários países e a resultante macroscópica social saltou à vista: o capitalismo "globalizado", "transnacional" e "pósfordista" desvestiu a pele do cordeiro — e a intelectualidade acadêmica, a mesma que em boa parcela considera Marx o criador de um "paradigma em crise", descobriu a "nova pobreza", os "excluídos" etc. — em suma, descobriu a "nova questão social"[18].

Essa caricatural descoberta, nas condições contemporâneas, *condições que tornam cada vez mais problemáticas as possibilidades de reformas no interior do regime do capital*, mostra-se, a despeito de sua eventual credibilidade acadêmica, com uma anemia teórico-analítica que somente é comparável à anemia das práticas sócio-políticas que propõe como alternativas. Do ponto de vista teórico, não apresenta uma só determinação que resista ao exame rigoroso na esteira da crítica da economia política marxiana; do ponto de vista sócio-político, retrocede ao nível das utopias conservadoras do século XIX, proponentes de novos *contratos sociais* que restabeleçam vínculos de *solidariedade* no marco de *comunidades* ilusórias e residuais — uma solidariedade naturalmente *transclassista* e comunidades pensadas com inteira abstração dos (novos) dispositivos de *exploração*.

5.

A tese aqui sustentada — e, evidentemente, oferecida como *hipótese de trabalho* — é a de que inexiste qualquer "nova questão social". O que devemos investigar é, para além da permanência de manifestações "tradicionais" da "questão social", a emergência de *novas expressões* da "questão social" que é insuprimível sem a supressão da ordem do capital. A dinâmica societária específica dessa ordem não só põe e repõe os corolários da exploração que a constitui medularmente: a cada novo estágio de seu desenvolvimento, ela instaura expressões sóciohumanas diferenciadas e mais complexas, correspondentes à intensificação da exploração que é a sua razão de ser. O problema teórico con-

---

18. A completa inépcia da noção de "exclusão social" foi assinalada por R. Castel, na obra referida na nota 5 (e a solução do próprio Castel não é satisfatória). A "nova questão social" é mérito do Sr. Pierre Rosanvallon, não por acaso divulgado no Brasil também pelo Partido da Social Democracia Brasileira...

siste em determinar concretamente a relação entre as expressões emergentes e as modalidades imperantes de exploração.

Esta determinação, que obviamente não pode desconsiderar a forma contemporânea da "lei geral da acumulação capitalista", precisa levar em conta a complexa totalidade dos sistemas de mediações em que ela se realiza. Sistemas nos quais, mesmo dado o caráter universal e mundializado daquela "lei geral", objetivam-se particularidades culturais, geo-políticas e nacionais que, igualmente, requerem determinação concreta. Se a "lei geral" opera independentemente de fronteiras políticas e culturais, seus resultantes societários trazem a marca da *história* que a concretiza. Isto significa que o desafio teórico acima salientado envolve, ainda, a pesquisa das diferencialidades histórico-culturais (que entrelaçam elementos de relações de classe, geracionais, de gênero e de etnia constituídos em formações sociais específicas) que se cruzam e tensionam na efetividade social. Em poucas palavras: a caracterização da "questão social", em suas manifestações já conhecidas e em suas expressões novas, tem de considerar as particularidades histórico-culturais e nacionais[19].

Enfim, duas observações que considero importantes para o debate das breves indicações que me atrevi a formular aqui.

A primeira diz respeito à perspectiva histórico-concreta de construir uma ordem social que vá além dos limites do comando do capital. Como Marx e Engels deixaram muito explícito no *Manifesto do partido comunista*, não há nenhuma garantia abstrata de que o comunismo — porque é de *comunismo* de que se trata, não tenhamos medo das palavras: trata-se aqui daquela organização social em que, suprimida a propriedade privada dos meios fundamentais de produção, assegure-se que o livre desenvolvimento da personalidade de cada um seja a condição do livre desenvolvimento da personalidade de todos — venha a substituir a ordem do capital. Mas tudo o que conhecemos acerca da sociedade dos homens nos garante a inviabilidade da perenização da ordem do capital. A história é uma matrona cheia de ardis, não nos enganemos: o que parece sólido se desmancha no ar. É verdade, po-

---

19. Entre nós, já existe uma tradição que encaminha a investigação neste rumo. Lembremo-nos de algumas obras de Florestan Fernandes e o esforço de "pensar o Brasil" conduzido por Octavio Ianni. Mais recentemente, uma tentativa de avançar nesta direção foi realizada por Luiz Eduardo W. Wanderley (cf. o seu ensaio contido *in* Vv. Aa., *Desigualdade e a questão social*. São Paulo, EDUC, 2000).

rém, que não há garantias prévias da derrota da barbárie — e, por isto mesmo, o futuro permanece aberto.

A possível derrota do capital, em condições tais em que se suprima a escassez, determinará a superação da "questão social". Isto não significa, absolutamente, a realização da Idade de Ouro: os homens e as mulheres continuarão a enfrentar problemas, a indagar por que vivem e por que morrem, empenhados em encontrar sentido para as suas vidas limitadas — alguns, ou muitos, se encontrarão vulnerabilizados, formas de cooperação e apoio mútuos serão requisitados e desenvolvidos.

A segunda indicação refere-se ao Serviço Social: sua *raison d'être* tem sido a "questão social" — sem ela, não há sentido para esta profissão. Mas até a sua resolução com a supressão da ordem do capital, ainda está aberto um longo caminho para esta profissão. O objetivo histórico da sua superação passa, ainda e necessariamente, pelo desenvolvimento das suas potencialidades. Ainda está longe o futuro em que o Serviço Social vai se esgotar, pelo próprio exaurimento do seu objeto.

Bibliografia

ABBAGNANO, N. *História da filosofia.* Lisboa, Presença, XIII, 1970.
ABENDROTH, W. *Sociedad antagónica y democracia política.* Barcelona-México, Grijalbo, 1973.
_____. *A história social do movimento trabalhista europeu.* Rio de Janeiro, Paz e Terra, 1977.
ABRANCHES, S. H. et alii. *Política social e combate à pobreza.* Rio de Janeiro, Jorge Zahar, 1987.
ADORNO, T. W. *Prismas.* Barcelona, Ariel, 1962.
_____. *La ideología como lenguaje.* Madrid, Taurus, 1982.
ADORNO, T. W. e HORKHEIMER, M. *La sociedad. Lecciones de sociología.* Buenos Aires, Proteo, 1969.
ADORNO, T. W. et alii. *La disputa del positivismo en la sociología alemana.* Barcelona, Grijalbo, 1973.
AGLIETTA, M. *A theory of capitalism regulation: the US experience.* London, New Left, 1979.
AGUIAR, A. G. *Serviço Social e filosofia. Das origens a Araxá.* São Paulo, Cortez, 1982.
ALAYÓN, N. et alii. *Desafío al Servicio Social.* Buenos Aires, Humanitas, 1976.
ALMEIDA, L. M. P. *Estudo sobre a influência francesa na formação dos profissionais da primeira escola de Serviço Social do Rio de Janeiro.* Rio de Janeiro, PUC-RJ, mimeo, 1979.
ALTHUSSER, L. *Nuevos escritos.* Barcelona, Laia, 1978.
ALVES LIMA, A. *Serviço Social no Brasil. A ideologia de uma década.* São Paulo, Cortez, 1983.

AMMANN, S. B. *Ideologia do desenvolvimento de comunidade no Brasil.* São Paulo, Cortez, 1982.

ANDER-EGG, E. et alii. *Del ajuste a la transformación. Apuntes para la historia del Trabajo Social.* Buenos Aires, Ecro, 1975.

APTEKER, H. H. *Dynamics of Casework Conseling.* Boston-New York, Houghton Miffin, 1955.

ARCOVERDE, A. C. B. *O coletivo ilusório. Uma reflexão sobre o conceito de comunidade.* Recife, Ed. Universitária/UFPE, 1985.

AXINN, J. e LEVIN, H. *A history of the american reponse to need.* New York, Harper and Row, 1975.

BARAN, P. A. e SWEEZY, P. M. *Capitalismo monopolista.* Rio de Janeiro, Zahar, 1974.

BARBOSA LIMA, S. *Participação social no cotidiano.* São Paulo, Cortez, 1979.

BARKER, E. *Political Thought in England from 1848 to 1914.* New York, Oxford University Press, 1947.

BARRETO, A. "Serviço Social — arte ou ciência?". *Debates Sociais.* Rio de Janeiro, Guanabara, CBCISS, 3, outubro de 1967.

BARTLETT, H. M. *A base do Serviço Social.* São Paulo, Pioneira, 1976.

BAUER, O. *La cuestión de las nacionalidades y la socialdemocracia.* México, Siglo XXI, 1979.

BERNSTEIN, E. *Las premisas del socialismo y el porvenir de la socialdemocracia.* Mexico, Siglo XXI, 1975.

BERNSTEIN, R. J. *Praxis y acción.* Madrid, Alianza, 1979.

BIESTECK, F. P. *Pour une assistence sociale individualisée. La rélation de Case-Work.* Paris, Seuil, 1971.

BIHLMEYER, K. e TUECHLE, H. (orgs.). *História da Igreja.* São Paulo, Paulinas, III, 1965.

BLOCH, E. *Thomas Munzer, teólogo da revolução.* Rio de Janeiro, Tempo Brasileiro, 1974.

BOCCARRA, P. (org.). *O capitalismo monopolista de Estado.* Lisboa, Seara Nova, 1976.

BOGOMOLOV, A. S. *A filosofia americana do século XX.* Rio de Janeiro, Civilização Brasileira, 1979.

BORDIN, L. *O marxismo e a teologia da libertação.* Rio de Janeiro, Dois Pontos, 1987.

BOTTOMORE, T. B. *Críticos da sociedade. O pensamento radical na América do Norte.* Rio de Janeiro, Zahar, 1970.

_____. (ed.). *Dicionário do pensamento marxista.* Rio de Janeiro, Jorge Zahar, 1988.

BOTTOMORE, T. B. e NISBET, R. (orgs.). *História da análise sociológica*. Rio de Janeiro, Zahar, 1980.

BRAVERMAN, H. *Trabalho e capital monopolista*. Rio de Janeiro, Guanabara, 1987.

BREWER, A. *Marxist theories of imperialism. A critical survey*. London-Boston, Routledge and Kegan Paul, 1980.

BRONOWSKI, J. e MAZLISH, B. *A tradição intelectual do Ocidente*. Lisboa, Edições 70, 1983.

BUNGE, M. *La ciencia, su método y su filosofia*. Buenos Aires, Siglo XXI, 1970.

BURNHAM, J. *The managerial revolution*. London-New York, Putnam-John Day, 1943.

CARNOY, M. *Estado e teoria política*. Campinas, Papirus, 1986.

CARNOY, M. & LEVIN, H. M. *Escola e trabalho no Estado capitalista*. São Paulo, Cortez, 1987.

CASTRO, M. M. *História do Serviço Social na América Latina*. São Paulo, Cortez-Celats, 1984.

CERQUEIRA FILHO, G. *A "questão social" no Brasil*. Rio de Janeiro, Civilização Brasileira, 1982.

CERRONI, U. *La libertad de los modernos*. Barcelona, Martinez Roca, 1972.

_____. *Teoria política e socialismo*. Lisboa, Europa-América, 1976.

_____. (org.). *O pensamento político*. Lisboa, Estampa, VI, 1976a.

_____. *Teoria do partido político*. São Paulo, Ciências Humanas, 1982.

CHERNIAEV, A. et alii. *El movimiento obrero internacional. Historia y teoría*. Moscu, Progreso, 1-5, 1982.

CLARK, C. *Les conditions du progrès économique*. Paris, PUF, 1961.

CLAUDÍN, F. *Marx, Engels y la revolución de 1848*. Madrid, Siglo XXI, 1975.

COLE, G. D. *A history of socialist thought*. London-New York, MacMillan-St. Martin's, 1-5, 1956.

COMTE, A. *Curso de filosofia positiva*. In: "Os Pensadores". vol. XXXIII, São Paulo, Abril Cultural, 1973.

COSTA PINTO, L. A. *Sociologia e desenvolvimento*. Rio de Janeiro, Civilização Brasileira, 1965.

COUTINHO, G. N. *O estruturalismo e a miséria da razão*. Rio de Janeiro, Paz e Terra, 1972.

_____. *A dualidade de poderes. Introdução à teoria marxista do Estado e revolução*. São Paulo, Brasiliense, 1985.

CROSSMAN, R. H. S. *Biografia do Estado moderno.* São Paulo, Ciências Humanas, 1980.
DESROCHE, H. *O marxismo e as religiões.* Rio de Janeiro, Paz e Terra, 1968.
DOLLÉANS, E. *Le chartisme (1831-1848).* Paris, M. Rivière, s.d.
DROZ, J. (org.). *Histoire générale du socialisme.* Paris, PUF, 1972.
DURKHEIM, E. *Montesquieu et Rousseau, précurseurs de la sociologie.* Paris, PUF, 1953.
_____. *Le socialisme.* Paris, PUF, 1971.
_____. *As regras do método sociológico.* In: "Os Pensadores", vol. XXXIII, São Paulo, Abril Cultural, 1973.
_____. *Sociology and philosophy.* New York, Free Press, 1974.
_____. *A ciência social e a ação.* São Paulo, Difel, 1975.
_____. *Textes. 3. Fonctions sociales et institutions.* Paris, Minuit, 1975a.
_____. *Sociologia, educação e moral.* Porto, Rés, 1984.
DUROSELLE, J. B. *Les débuts du catholicisme social en France, 1822-1870.* Paris, PUF, 1951.
DUVEAU, G. *1848.* Paris, Gallimard, 1965.
DUVIGNAUD, J. *Introduction à la sociologie.* Paris, Gallimard, 1968.
EGBERT, D. D. e PERSONS, S. *Socialism and american life.* Princeton, Princeton University Press, 1952.
ENGELS, F. *As guerras camponesas na Alemanha.* São Paulo, Grijalbo, 1977.
_____. *Friedrich Engels* (org. NETTO, J. P.). São Paulo, Ática, 1981.
_____. *A situação da classe trabalhadora na Inglaterra.* São Paulo, Global, 1986.
EPSTEIN, K. *The genesis of german conservantism.* Princeton, Princeton University Press, 1966.
EWALD, F. *L'état providence.* Paris, Grasset, 1986.
FALEIROS, V. P. *Trabajo Social. Ideología y método.* Buenos Aires, Ecro, 1972.
_____. *A política social do Estado capitalista.* São Paulo, Cortez, 1980.
_____. *Saber profissional e poder institucional.* São Paulo, Cortez, 1985.
FERNANDES, F. *A revolução burguesa no Brasil.* Rio de Janeiro, Zahar, 1975.
_____. "Introdução" a *Marx-Engels/História.* São Paulo, Ática, 1983.
FETSCHER, I. *Karl Marx e os marxismos.* Rio de Janeiro, Paz e Terra, 1970.
FIGUEIREDO, V. e MALAN, A. L. "Empresário brasileiro e filantropia: proposição de um modelo de análise". *Dados.* Rio de Janeiro, IUPERJ, 6, 1969.
FINCK, A. E. *The field of social work.* New York, Holt and Co., 1949.
FRASER, D. *The evolution of the British welfare state. A history of social policy since the industrial revolution.* London, MacMillan, 1984.

FRIEDLANDER, W. et alii. *Conceptos y métodos del Servicio Social*. Buenos Aires, Kapelusz, 1969.

FROMM, E. *A crise da psicanálise*. Rio de Janeiro, Zahar, 1971.

GALPER, J. *The politics of social services*. New Jersey, Prentice-Hall, 1975.

_____. *Política social e trabalho social*. São Paulo, Cortez, 1986.

GARAUDY, R. *Perspectivas do homem*. Rio de Janeiro, Civilização Brasileira, 1965.

_____. *Marxisme du XXème siècle*. Paris-Genève, La Palatine, 1966.

GARRETT, A. *Interviewing: its principles and methods*. New York, Family Service Association of America, 1942.

GAYLIN, W. et alii. *Doing Good. The limits of benevolence*. New York, Pantheon, 1981.

GERRATANA, V. *Ricerche di storia del marxismo*. Roma, Riuniti, 1972.

GIDDENS, A. *Novas regras do método sociológico*. Rio de Janeiro, Zahar, 1978.

_____. *Capitalismo e moderna teoria social*. Lisboa, Presença, 1984.

GINSBURGH, N. *Class, capital and social policy*. London, MacMillan, 1981.

GIOVANNI, B. *La teoria política delle classi nel "Capitale"*. Bari, De Donato, 1976.

GOLDMANN, L. *Sciences humaines et philosophie*. Paris, Gonthier, 1966.

GORZ, A. *Estratégia operária e neocapitalismo*. Rio de Janeiro, Zahar, 1968.

GOULDNER, A. *La crisis de la sociología occidental*. Buenos Aires, Amorrortu, 1973.

_____. *Los dos marxismos*. Madrid, Alianza, 1983.

GRAMSCI, A. *Quaderni del carcere*. Torino, Einaudi, I-IV, 1975.

GREENWOOD, E. "Una teoría de las relaciones entre la ciencia social y el trabajo social". Santiago, Instituto de Servicio Social, Universidad de Chile, 1969.

GREFFE, X. *La politique sociale*. Paris, PUF, 1975.

GREVET, P. *L'impot des pauvres. Nouvelle stratégie de la politique sociale*. Paris, Buidas, 1978.

GUILLEMIN, H. *Histoire des catholiques français du XIXème siècle*. Paris, Milieu du Monde, 1947.

GURVITCH, G. *La vocation actuelle de la sociologie*. Paris, PUF, 1950.

_____. (org.). *Tratado de sociología*. Buenos Aires, Kapelusz, I-II, 1962-1963.

GUSTAFSSON, B. *Marxismo y revisionismo*. Barcelona, Grijalbo, 1975.

HABERMAS, J. *Mudança estrutural da esfera pública*. Rio de Janeiro, Tempo Brasileiro, 1984.

HABERMAS, J. *Teoria dell'agire comunicativo*. Bologna, Il Mulino, 1986.
HAMILTON, G. *Teoría y práctica del Servicio Social de Casos*. México, La Prensa Médica Mexicana, 1962.
HAMILTON, G. e HYMAN, G. *Developing self-awareness*. New York, Family Service Association of America, 1954.
HAUPT, G. *La II Internazionale*. Firenze, La Nuova Itália, 1973.
HECKERT, S. M. R. *Identidade e mulher no Serviço Social*. Rio de Janeiro, ESS/UFRJ, mimeo, 1989.
HEGEL, G. W. F. *Ciencia de la lógica*. Buenos Aires, Solar-Hachette, 1968.
HELLER, A. *Sociologia della vita cotidiana*. Roma, Riuniti, 1975.
HIGGINS, J. *States of Welfare. A comparative analysis of social policy*. New York, St. Martin's Press, 1981.
HILFERDING, R. *O capital financeiro*. São Paulo, Abril, 1985.
HOBSBAWM, E. J. *A era das revoluções*. Rio de Janeiro, Paz e Terra, 1977.
_____. *A era do capital*. Rio de Janeiro, Paz e Terra, 1982.
_____. *Revolucionários*. Rio de Janeiro, Paz e Terra, 1982a.
_____. *Mundos do trabalho*. Rio de Janeiro, Paz e Terra, 1987.
_____. (org.). *História do marxismo*. Rio de Janeiro, Paz e Terra, I, 1979.
_____. *História do marxismo*. Rio de Janeiro, Paz e Terra, II, 1982b.
_____. *História do marxismo*. Rio de Janeiro, Paz e Terra, III, 1984.
_____. *História do marxismo*. Rio de Janeiro, Paz e Terra, 12, 1989.
HOFSTADTER, R. *Antiintelectualismo nos Estados Unidos*. Rio de Janeiro, Paz e Terra, 1967.
HOLLOWAY, J. e PICCIOTTO, S. (orgs.). *State and capital. A marxist debate*. London, E. Arnold, 1978.
HORKHEIMER, M. *Crítica de la razón instrumental*. Buenos Aires, Sur, 1973.
HORKHEIMER, M. e ADORNO, T. W. *Dialéctica del iluminismo*. Buenos Aires, Sur, 1971.
HOROWITZ, I. L. *Ascensão e queda do Projeto Camelot*. Rio de Janeiro, Civilização Brasileira, 1969.
HUBERMAN, L. *Nós, o povo. A epopéia norte-americana*. São Paulo, Brasiliense, 1966.
_____. *História da riqueza do homem*. Rio de Janeiro, Zahar, 1968.
IAMAMOTO, M. V. *Legitimidade e crise do Serviço Social*. Piracicaba, ESALQ/USP, mimeo, 1982.
IAMAMOTO, M. V. e CARVALHO R. *Relações sociais e Serviço Social no Brasil*. São Paulo, Cortez/Celats, 1983.
IANNI, O. *A formação do Estado populista na América Latina*. Rio de Janeiro, Civilização Brasileira, 1975.

IANNI, O. *A ditadura do grande capital*. Rio de Janeiro, Civilização Brasileira, 1981.

_____. *Dialética e capitalismo*. Petrópolis, Vozes, 1983.

_____. *Classe e nação*. Petrópolis, Vozes, 1986.

IONESCU, G. e GELLNER, E. (orgs.). *Populismo*. Buenos Aires, Amorrortu, 1970.

JAMES, W., DEWEY, J. e VEBLEN, T. *Pragmatismo. Experiência e natureza. A Alemanha imperial e a revolução industrial. A teoria da classe ociosa*. São Paulo, Abril, 1974.

JOLL, J. *La Internacional. Movimiento obrero 1889-1914*. Barcelona, Icaria, 1976.

KAHN, A. (org.). *O Serviço Social no mundo moderno*. Rio de Janeiro, Agir, 1970.

KARSCH, U. M. S. *O Serviço Social na era dos serviços*. São Paulo, Cortez, 1987.

KEDROV, M. B. e SPIRKIN, A. *La ciencia*. México, Grijalbo, 1966.

KELLE, V. e KOVALZON, M. *Ensayo sobre la teoria marxista de la sociedad*. Moscu, Progreso, 1975.

KISNERMAN, N. *Servicio Social pueblo*. Buenos Aires, Humanitas, 1973.

_____. *Temas de Serviço Social*. São Paulo, Cortez & Moraes, 1976.

KLUGMANN, J. (org.). *Cristianismo e marxismo*. Rio de Janeiro, Paz e Terra, 1969.

KOFLER, L. (S. Warynski). *La ciencia de la sociedad*. Madrid, Revista de Occidente, 1968.

_____. *Contribución a la historia de la sociedad burguesa*. Buenos Aires, Amorrortu, 1974.

KOLAKOWSKI, L. *Las principales corrientes del marxismo*. Madrid, Alianza, I-III, 1985.

KONOPKA, G. *Serviço Social de Grupo*. Rio de Janeiro, Zahar, 1972.

KORSCH, K. *Marxisme et philosophie*. Paris, Minuit, 1964.

KOSIC, K. *Dialética do concreto*. Rio de Janeiro, Paz e Terra, 1969.

KRIEGEL, A. *Las internacionales obreras*. Barcelona, Orbis, 1986.

KRUSE, H. *El Servicio Social en América Latina*. Montevideo, Alfa, 1967.

_____. *Introducción a la teoría científica del Servicio Social*. Buenos Aires, Ecro, 1972.

KUCINSKI, B. e BRANDFORD, S. *A ditadura da dívida*. São Paulo, Brasiliense, 1987.

KUHN, T. S. *La struttura delle rivoluzioni scientifiche*. Torino, Einaudi, 1969.

LEÃO XIII. *De rerum novarum*. In: *Documentos pontifícios* (2). Petrópolis, Vozes, 1961.

LEBRET, L. J. *Dimensões da caridade*. São Paulo, Duas Cidades, 1959.
_____. *Princípios para a ação*. São Paulo, Duas Cidades, 1961.
_____. *O drama do século XX*. São Paulo, Duas Cidades, 1962.
_____. *Manifesto por uma civilização solidária*. São Paulo, Duas Cidades, 1963.
LECLERC, G. *Crítica da antropologia*. Lisboa, Estampa, 1973.
LEFEBVRE, H. *La proclamation de la Commune*. Paris, Gallimard, 1964.
_____. *Position: contre les technocrates*. Paris, Anthropos, 1967.
_____. *La vie quotidienne dans le monde moderne*. Paris, Gallimard, 1968.
_____. *De l'État. 4. Les contradictions de l'État moderne*. Paris, UGE, 1978.
LEIBY, J. *A history of Social Welfare and Social Work in the United States*. New York, Columbia University Press, 1978.
LENIN, V. I. *Obras escolhidas*. Lisboa-Moscou, Avante-Progresso, I, 1977.
_____. *O Estado e a revolução*. São Paulo, Global, 1986.
LE PLAY, F. *Les ouvriers européens*. Tours, Mame, 1855-1879.
LIMA, B. A. *Contribución a la epistemología del trabajo social*. Buenos Aires, Humanitas, 1975.
LIMA, L. "Marchas y contramarchas del trabajo social: repasando la reconceptualización". *Acción Crítica*, Lima, Celats, 6, 1979.
LÖWY, M. *Ideologias e ciência social*. São Paulo, Cortez, 1985.
_____. *As aventuras de Karl Marx contra o Barão de Munchhausen*. São Paulo, Busca Vida, 1987.
_____. *Marxismo e teologia da libertação*. São Paulo, Cortez, 1991.
LUBOVE, R. *The professional altruist. The emergence of Social Work as career (1880-1930)*. New York, Atheneum, 1977.
LUKÁCS, G. *El joven Hegel y los problemas de la sociedad capitalista*. México, Grijalbo, 1963.
_____. *Estética*. Barcelona-México, Grijalbo, 1, 1966.
_____. *Existencialismo ou marxismo?* São Paulo, Senzala, 1967.
_____. *Estética*. Barcelona-México, Grijalbo, 4, 1967a.
_____. *El asalto a la razón*. Barcelona-México, Grijalbo, 1968.
_____. *Realismo crítico hoje*. Brasília, Coordenada, 1969.
_____. *História e consciência de classe*. Porto, Escorpião, 1974.
_____. *Ontologia dell'essere sociale*. Roma, Riuniti, I, 1976.
_____. *Ontologia do ser social. Os princípios ontológicos fundamentais de Marx*. São Paulo, Ciências Humanas, 1979.
_____. *Ontologia dell'essere sociale*. Roma, Riuniti, II, 1981.
LUKES, S. *Émile Durkheim. His life and work*. London, Allen Lane, 1973.
LUXEMBURG, R. *A acumulação do capital*. Rio de Janeiro, Zahar, 1976.

MABBOTT, J. D. *O Estado e o cidadão*. Rio de Janeiro, Zahar, 1968.
MAC IVER, R. M. *The contribution of sociology to social work*. New York, Columbia University Press, 1931.
MACPHERSON, C. B. *A democracia liberal*. Rio de Janeiro, Zahar, 1978.
_____. *A teoria política do individualismo possessivo*. Rio de Janeiro, Paz e Terra, 1979.
MAGUIÑA, A. "Trabajo social: ¿servicio o actividad productiva?". *Acción Crítica*. Lima, Celats, 3, 1977.
MANDEL, E. *Traité d'économie marxiste*. Paris, UGE, 14, 1969.
_____. *Le troisième âge du capitalisme*. Paris, UGE, 1-3, 1976.
MANNHEIM, K. *Freedom, power and democratic planning*. London, Routledge and Kegan Paul, 1951.
_____. *Ensayos de sociología y psicología social*. México, Fondo de Cultura Económica, 1963.
_____. *Ideologia e utopia*. Rio de Janeiro, Zahar, 1968.
MARCUSE, H. *A ideologia da sociedade industrial*. Rio de Janeiro, Zahar, 1967.
_____. *Razão e revolução*. Rio de Janeiro, Saga, 1969.
_____. *Idéias sobre uma teoria crítica da sociedade*. Rio de Janeiro, Zabar, 1972.
MARITAIN, J. *Humanismo integral*. São Paulo, Cia. Ed. Nacional, 1941.
_____. *Cristianismo e democracia*. Rio de Janeiro, Agir, 1964.
MARSHALL, T. H. *Cidadania, classe social e status*. Rio de Janeiro, Zahar, 1967.
_____. *Política social*. Rio de Janeiro, Zahar, 1967a.
MARTINELLI, M. L. *Serviço Social: identidade e alienação*. São Paulo, Cortez, 1989.
MARX, K. *O 18 Brumário e Cartas a Kugelman*. Rio de Janeiro, Paz e Terra, 1969.
_____. *Teorias da mais-valia*. S. Paulo, Difel, I, 1980.
_____. *Para a crítica da economia política* [e outros escritos]. São Paulo, Abril, 1982.
_____. *Teorias da mais-valia*. São Paulo, Difel, II, 1983.
_____. *O Capital. Crítica da economia política*. São Paulo, Abril, I, 1, 1983a.
_____. *O Capital. Crítica da economia política*. São Paulo, Abril, I, 2, II, III, 1, 2, 1984.
_____. *Teorias da mais-valia*. São Paulo, Difel, III, 1985.
_____. *Miséria da filosofia*. São Paulo, Global, 1985a.
_____. *As lutas de classes na França, 1848-1850*. São Paulo, Global, 1986.

MARX, K. *A guerra civil na França.* São Paulo, Global, 1986a.
MARX, K. e ENGELS, F. *Sur la réligion.* Paris, Sociales, 1965.
_____. *Manifesto do partido comunista.* Lisboa, Avante, 1975.
_____. *A ideologia alemã. Feuerbach.* São Paulo, Grijalbo, 1977.
_____. *História* (org. FERNANDES, F.). São Paulo, Ática, 1983.
MATHIAS, G. e SALAMA, P. *O Estado superdesenvolvido.* São Paulo, Brasiliense, 1983.
MATTICK, P. *Crítica de los neomarxistas.* Madrid, Península, 1977.
MAURRAS, C. *Mes idées politiques.* Paris, Fayard, 1947.
MAYER, A. J. *A força da tradição.* São Paulo, Cia. das Letras, 1987.
MEHRING, F. *Carlos Marx.* México, Grijalbo, 1960.
MENDES, C. *Memento dos vivos. A esquerda católica no Brasil.* Rio de Janeiro, Tempo Brasileiro, 1966.
MENDES, T. M. L. *O advento da penetração americana no Serviço Social brasileiro (1940-1955).* Rio de Janeiro, PUC-RJ, mimeo, 1987.
MERTON, R. K. *Social theory and social structure.* Glencoe (Illinois), The Free Press, 1968.
MEYER, C. H. *Social Work practice: a reponse to the urban crisis.* London-New York, Collier-MacMillan-The Free Press, 1970.
MICHELS, R. *I partiti politici.* Bologna, Il Mulino, 1965.
MILIBAND, R. *El Estado en la sociedad capitalista.* México, Siglo XXI, 1978.
MILLS, C. W. *A imaginacão sociológica.* Rio de Janeiro, Zahar, 1969.
MISHRA, R. *Society and social policy: theories and practice of Welfare.* London, MacMillan, 1981.
MORISHIMA, M. e CATEPHORES, G. *Value, exploitation and growth. Marx in the light of modern economic theory.* London, McGraw-Hill, 1978.
MOUNIER, E. *Le personnalisme.* Paris, PUF, 1950.
MOURO, H. e CARVALHO, A. *Serviço Social no Estado Novo.* Coimbra, Centelha, 1987.
NAGEL, E. *The structure of science.* New York, Harcourt-Brace World, 1961.
NAGELS, J. *Trabalho colectivo e trabalho produtivo na evolução do pensamento marxista.* Lisboa, Prelo, I-II, 1975-1979.
NETTO, J. P. "Sobre la incapacidad operacional de las disciplinas sociales". *Selecciones de Servicio Social.* Buenos Aires, Humanitas, ano VIII, n° 27, 3° cuatrimestre de 1975.
_____. "La crisis del proceso de reconceptualización del Servicio Social". In: ALAYÓN, N. et alii. *Desafío al Servicio Social.* Buenos Aires, Humanitas, 1976.
_____. *Capitalismo e reificação.* São Paulo, Ciências Humanas, 1981.

NETTO, J. P. "F. Engels: subsídios para uma aproximação". In: *Friedrich Engels* (org. NETTO, J. P.). São Paulo, Ática, 1981a.
_____. "La crítica conservadora a la reconceptualización". *Acción Crítica*. Lima, Celats, 9, julio/1981b.
_____. "Marx: teoria e revolução". *Voz da Unidade*, São Paulo, n° 142, 3-9-/mar./1983.
_____. *O que é marxismo*. São Paulo, Brasiliense, 1983a.
_____. "A recuperação marxista da categoria de revolução". In: D'INCAO, M. A. (org.). *O saber militante. Ensaios sobre Florestan Fernandes*. Rio de Janeiro, Paz e Terra/UNESP, 1987.
_____. "O Serviço Social e a tradição *marxista*". *Serviço Social e sociedade*. São Paulo, Cortez, 30, 1989.
_____. *Democracia e transição socialista*. Belo Horizonte, Oficina de Livros, 1990.
NETTO, J. P. e FALCÃO, M. C. B. *Cotidiano: conhecimento e crítica*. São Paulo, Cortez, 1987.
NISBET, R. *Os filósofos sociais*. Brasília, Universidade de Brasília, 1982.
_____. *O conservadorismo*. Lisboa, Estampa, 1987.
O'CONNOR, J. *The fiscal crisis of State*. New York, St. Martin's Press, 1973.
OFFE, C. *Problemas estruturais do Estado capitalista*. Rio de Janeiro, Tempo Brasileiro, 1984.
OLIVEIRA, F. "A navegação venturosa". In: *Celso Furtado* (org. OLIVEIRA, F.). São Paulo, Ática, 1983.
PARAD, H. J. (org.). *Ego psychology and dinamic casework*. New York, Family Service Association of America, 1958.
PARÉ, S. *Grupos y Servicio Social*. Buenos Aires, Humanitas, 1966.
PARIAS, L. H. (org.). *Historia general del trabajo*. Barcelona, Grijalbo, I-IV, 1965.
PARODI, J. "El significado del Trabajo Social en el capitalismo y la reconceptualización". *Acción Crítica*. Lima, Celats, 7, 1978.
PARSONS, T. *The structure of social action*. Glencoe (Illinois), The Free Press, 1949.
_____. *The social system*. London, Routledge and Kegan Paul, 1951.
PERLO, V. *Militarismo e indústria*. Rio de Janeiro, Paz e Terra, 1969.
_____. "As conseqüências sócio-econômicas da reaganomia". *Problemas*. São Paulo, Novos Rumos, 4, 1983.
PIO IX. *Sobre os erros do naturalismo e liberalismo. Sílabo*. Petrópolis, Vozes, 1951.
PIVEN, F. F. e CLOWARD, R. A. *Regulating the poor*. New York, Vintage, 1972.

PIVEN, F. F. e CLOWARD, R. A. *Poor people's movementes*. New York, Vintage, 1979.
POPPER, K. *A lógica da pesquisa científica*. São Paulo, Cultrix, s. d.
POULANTZAS, N. *O Estado, o poder, o socialismo*. Rio de Janeiro, Graal, 1980.
PRESTON Jr., W. *Aliens and dissenters: federal suppression of radicals, 1903-1933*. Cambridge, Harvard University Press, 1963.
PUMPHREY, R. E. e PUMPHREY, M. W. (orgs.). *The heritage of american Social Work*. New York, Columbia University Press, 1967.
RAISON, T. (org.). *Os precursores das ciências sociais*. Rio de Janeiro, Zahar, 1971.
RANNEY, A. (org.). *Political science and public policy*. Chicago, Markhan, 1968.
REX, J. *Problemas fundamentais da teoria sociológica*. Rio de Janeiro, Zahar, 1973.
RICHMOND, M. E. *The long view. Papers and addresses*. New York, Russell Sage Foundation, 1930.
_____. *Diagnóstico social*. Lisboa, Instituto Superior de Medicina Dr. Ricardo Jorge, 1950.
_____. *Caso social individual*. Buenos Aires, Ministerio de Assistencia Social y Salud Pública, 1962.
RIVIÈRE, M. *Economia burguesa e pensamento tecnocrático*. Rio de Janeiro, Civilização Brasileira, 1966.
ROSDOLSKY, R. *Génesis y estructura de "El Capital" de Marx*. México, Siglo XXI, 1986.
ROSENBERG, A. *Democracia e socialismo*. São Paulo, Global, 1986.
ROSS, M. *Organización comunitaria*. Madrid, Euramérica, 1967.
RUSCONI, G. E. *Teoría crítica de la sociedad*. Barcelona, Martinez Roca, 1969.
RUSSELL, B. *História da filosofia ocidental*. São Paulo, Cia. Ed. Nacional, III, 1967.
SÁ, J. L. M. *Universidade católica, Igreja e Estado*. Campinas, PUCAMP, mimeo, 1984.
SAND, R. *Le Service Social a travers le monde*. Paris, A. Colin, 1932.
SANTOS, L. L. *Textos de Serviço Social*. São Paulo, Cortez, 1985.
SANTOS, W. G. *Cidadania e justiça*. Rio de Janeiro, Campus, 1979.
SCHAFF, A. *Histoire et verité*. Paris, Anthropos, 1971.
SCHUBKIN, V. N. *Cuestiones metodológicas de sociología aplicada*. La Habana, Ciencias Sociales, 1978.

SERRA, R. M. S. *A prática institucionalizada do Serviço Social*. São Paulo, Cortez, 1983.

SHAW, M. *El marxismo y las ciencias sociales*. México, Nueva Imagen, 1978.

SIGMANN, J. *1848: las revoluciones románticas y democráticas de Europa*. Madrid, Siglo XXI, 1985.

SONNTAG, H. R. e VALECILLOS, H. (orgs.). *El Estado en el capitalismo contemporáneo*. México, Siglo XXI, 1988.

SOROKIN, P. A. *Les tendences et les déboires de la sociologie américaine*. Paris, PUF, 1959.

SOUSA SANTOS, B. *Introdução a uma ciência pós-moderna*. Porto, Afrontamento, 1989.

SOUZA VIEIRA, A. C. "Serviço Social e positivismo". *Serviço Social e sociedade*. São Paulo, Cortez, ano VIII, 24, 1987.

SPOSATI, A. O. et alii. *Assistência na trajetória das políticas sociais brasileiras*. São Paulo, Cortez, 1985.

SRAFFA, P. *Produção de mercadorias por meio de mercadorias*. São Paulo, Nova Cultural, 1985.

STYRON, W. *Les conféssions de Nat Turner*. Paris, Gallimard, 1982.

SULLIVAN, D. *Servicio Social de grupo*. Washington, Unión Panamericana, 1956.

SWEEZZY, P. M. *Ensaios sobre o capitalismo e o socialismo*. Rio de Janeiro, Zahar, 1965.

_____. *Teoría del desarrollo capitalista*. México, Fondo de Cultura Económica, 1977.

THOMPSON, E. P. *A formacão da classe operária inglesa*. Rio de Janeiro, Paz e Terra, II, 1987.

THOREAU, H. D. *Walden ou a vida nos bosques*. São Paulo, Global, 1984.

TIMASHEFF, N. *Teoria sociológica*. Rio de Janeiro, Zahar, l965.

TOUCHARD, J. (org.). *História das idéias políticas*. Lisboa, Europa-América, 6, 1970.

_____. *História das idéias políticas*. Lisboa, Europa-América, 7, 1976.

TOURAINE, A. *Em defesa da sociologia*. Rio de Janeiro, Zahar, 1976.

TRATTNER, W. I. *From Poor Law to Welfare State*. New York, The Free Press, 1979.

TRINDADE, L. S. *As raízes ideológicas das teorias sociais*. São Paulo, Ática, 1978.

Vv. Aa. (VÁRIOS AUTORES). *Social Work as human relations*. New York, Columbia University Press, 1940.

_____. *Jacques Maritain*. Paris, Fayard, 1957.

_____. *Fabian essays on socialism*. London, Pluto, 1962.

Vv. Aa. (VÁRIOS AUTORES). *Reconceptualización del Serviço Social.* Buenos Aires, Humanitas, 1971.

_____. *Histoire du marxisme contemporain.* Paris, UGE, I-VIII, 1976-1977.

_____. *A metodologia no Serviço Social.* Cadernos Abess 3. São Paulo, Cortez, 1989.

VÉDRINE, H. *As filosofias da história.* Rio de Janeiro, Zahar, 1977.

VERDÈS-LEROUX, J. *Trabalhador social. Prática, hábitos, ethos, formas de intervenção.* São Paulo, Cortez, 1986.

VIEIRA, B. O. *História do Serviço Social.* Rio de Janeiro, Agir, 1977.

VRANICKI, P. *Storia del marxismo.* Roma, Riuniti, I-II, 1973.

WALTON, P. e GAMBLE, A. *Problemas del marxismo contemporáneo.* Barcelona, Grijalbo, 1977.

WARE, C. *Estudio de la comunidad.* Buenos Aires, Humanitas, 1964.

WEBER, E. *L'Action Française.* Paris, Stock, 1964.

WEBER, H. *Marxismo e consciência de classe.* Lisboa, Moraes, 1977.

WEISSHAUPT, J. R. (org.). *As funções sócio-institucionais do Serviço Social.* São Paulo, Cortez, 1985.

WILLENSKY, H. L. e LEBEAUX, C. N. *Industrial society and social welfare.* New York, The Free Press, 1958.

WOLFF, K. (org.). *Émile Durkheim (1858-1917).* Columbus, The Ohio University Press, 1960.